대한민국 1호 경험 디자이너가 전하는
경험을 디자인하라

경험을 디자인하라

초판 1쇄 발행 | 2018년 9월 5일

지은이 | 김종현
펴낸이 | 공상숙
펴낸곳 | 마음세상

주 소 | 경기도 파주시 한빛로 70 515-501

출판등록 | 2011년 3월 7일 제406-2011-000024호

ISBN | 979-11-5636-278-4 (03190)

원고 투고 | maumsesang@nate.com

ⓒ김종현, 2018

* 값 13,500원

* 마음세상은 삶의 감동을 이끌어내는 진솔한 책을 발간하고 있습니다. 참신한 원고가 준비되셨다면 망설이지 마시고 연락주세요.

이 도서의 국립중앙도서관 출판예정도서목록(CIP)은 서지정보유통지원시스템 홈페이지(http://seoji.nl.go.kr)와 국가지료종합목록시스템(http://www.nl.go.kr/kolisnet)에서 이용하실 수 있습니다. (CIP제어번호 : CIP2018025668)

대한민국 1호 경험 디자이너가 전하는
경험을 디자인하라

김종현 지음

마음세상

들어가는 글

우리는 살아가면서 여러 가지 경험을 하고 살아간다. 본인이 원해서 하는 경험, 하고 싶지 않았으나 어쩔 수 해야만 하는 경험, 자신도 모르게 당해버린 경험 등 크고 작은 수많은 경험과 함께 인생을 살아간다.

그런데 가만히 살펴보면 그런 경험들이 좋았던 것이든 나빴던 것과 관계없이 단순히 추억으로 간직되며 끝나버리는 경우가 많다. 즉, 경험에 대해 복기를 하지 않는다는 말이다. 프로 바둑기사나 운동선수들은 경기가 끝나고 나면 반드시 그 경기에 대해 복기를 한다. 자신의 어떤 부분이 잘 되었는지 또는 실수한 포인트는 어떤 곳이었는지에 대해서 유심히 관찰한다. 이 행위는 앞의 경기를 통해 자신을 되돌아봄으로 앞으로 하게 될 경기에 상당한 도움이 된다.

우리의 경험도 마찬가지다. 우리가 경험했던 일들은 기억 한편에 간직될 추억이 아니라 그것은 앞으로 경험할 일들에 대한 좋은 재료들이다. 경험을 복기함으로 잘했다고 생각되는 부분들은 다음 경험에도 이어질 수 있도록 하고 그렇지 못한 것들은 보완시키면 된다. 이 과정을 통해서 진정한 경험의 가치를 깨달을 수 있다. 우리는 마음의 굴레를 벗기기만 하면 다양하고 무한한 가능성이 있는 삶을 살 수 있다. 경험하는 인생이야말로 진정 기대할 만하고 추구할 만한 인생이다.

사실 나도 회사를 처음 창업하고 나서 한동안 불안감에 시달렸다. 자신의 미래에 불확실한 요소가 많았기 때문이다. '회사를 성장시키지 못하고 망하게 되면 어떡하나.' 하는 고민을 가장 많이 했다. 어느 날 친한 친구에게 고민을 털어놨는데 친구의 대답을 듣고 나서 고민을 멈출 수가 있었다.

"도저히 힘들어서 망하게 되면 처음부터 다시 시작하면 되지. 망한다고 죽지는 않아."

머릿속이 환하게 밝아졌다. 미래를 걱정하며 현재를 희생하느니 차라리 살아 숨 쉬는 순간순간을 열심히 잘 보내는 것이 낫다고 생각했다. 인생에서 가장 두려운 것은 사업이 망하는 것이 아니라 죽음이 닥쳤을 때 문득 나는 한 번도 내가 원하는 삶을 살지 못했다는 것을 깨닫는 것이었다.

인생은 주어진 한계 속에서 최선을 다하는 과정의 연속이다. 그것이 비록 지금은 불완전하다고 해도 경험에 대한 반추와 통찰의 노력 그 자체만으로도 가치가 있을 것으로 생각하고 감히 이 글을 펼친다.

이 글은 내가 직접 겪어왔던 경험에 관한 이야기들이다. 호기심 천국이라 불릴 만큼 새로운 것에 호기심이 많았던 나는 많은 경험에 노출되길 원했고, 다양한 경험을 시도하며 살아왔다. 그러한 경험 안에서 기뻐하고 슬퍼하며, 괴로워하며 아파하면서 몸으로 부딪혀 겪은 일종의 경험 노트라고 할 수 있겠다. 시간의 흐름 별로 겪은 일들에 대한 에피소드와 느낀 점을 적었다. 경험하면서 마주한 성공과 실패, 시행착오들과 그것을 해결하기 위한 처절한 몸부림 등을 최대한 상세히 기록했다. 또한, 수차례 벽에 부딪히며 깨달은 것들과 경험 끝에 알게 된 것들을 추려 넣었었다. 이 글은 경험의 정답지나 해답서가 아니다. 지금까지 나를 울고 웃게 했던 경험의 기록이다. 멋지고 대단한 이야기는 하나도 없다.

다만 이렇게 살아가는 한 인생이 있다는 것을 동시대를 살아가는 사람들과 공유하고 싶어서 적은 글이다. 또한, 이 글이 경험 앞에서 망설이고 고민하는 사람에게 단 한 문장이라도 좋은 팁이나 영감을 줄 수 있다면 큰 보람과 감사를 느낄 것이다.

제1장
지금 우리는

세상이 정해준 길을 걷다

바다 내음이 물씬 묻어나는 부산의 작은 동네에서 세상과 마주했다. 태어나서 얼마 뒤 바로 서울로 이사를 하는 바람에 유년시절 부산에 대한 기억은 거의 없다. 가족이나 타인에 의한 기억이 아닌 본인 자체의 기억은 유치원을 갓입학하기 시작할 때부터이다. 물론 그전의 기억도 부분적으로 산재해있다. 당시에는 어린이집의 개념은 없었기 때문에 일정한 나이가 되면 가장 먼저 가게되는 곳이 유치원이다.

나 역시 예외는 아니었다. 유치원이 딱히 재미없거나 특별한 이유가 있었던건 아니었지만 유독 유치원에 가는 것이 싫었다. 부모님을 엄청 졸라 선택한곳이 태권도장. 지금은 아니지만, 그때는 태권도장을 가면 유치원에 가지 않아도 되는 구조였다. 그렇게 시작한 태권도. 하루도 빠지는 날이 없었다. 아마 이때부터였던 걸로 기억한다. 나의 아웃사이더 기질이 발동한 시점은.

유치원을 중퇴한 후 들어간 태권도장은 신세계 그 이상이었다. 태권도 품새를 비롯한 구르기, 발차기, 송편 격파 등 유치원에서는 할 수 없는 다양한 경험을 할 수 있었다. 유치원에서는 잘 느끼지 못했던 배움의 욕구와 더 잘하고 싶다는 성장을 갈망하기도 했다. 태어나 처음으로 느낀 중독감과 몰입에 대한 경험이었다. 성장을 향한 나의 열망은 결국 각종 대회 수상으로 이어지는 쾌거를 불러왔다. 유년시절 성공과 재미를 동시에 가져다준 태권도는 초등학교 2학년 때까지 이어지다가 부산으로 이사를 오게 되면서 인연을 다하고야 만다. 9년 만에 다시 온 부산은 너무나 낯선 곳이었다. 특히나 구수한 사투리를 구사하는 선생님의 말씀을 잘 못 알아들을 정도였으니 다른 것들은 오죽했으랴.

사람은 적응의 동물이라 했던가. 엄청난 속도로 부산이라는 곳에 적응해갔다. 전학 온 초등학교는 축구부로 유명한 학교였다. 천성적으로 운동을 좋아한 것인지 경험에 대한 호기심 때문인지 정확히는 모르겠으나 그곳에서 축구라는 운동에 빠져들게 된다. 처음부터 축구부를 목표한 것은 아니고 축구가 재미있어서 친구들과 방과 후 항상 공을 찼다. 그러던 중 축구부 코치의 눈에 띄어 축구부에 스카우트 되었다. 집에는 축구부 가입 사실을 비밀로 한 채 2주 정도 연습을 하고 집에 복귀했다.

그러던 어느 날 코치가 부르더니 정식 입단을 위해 부모님 동의서를 받아 오라고 했다. 유니폼을 비롯한 회비에 관한 부분으로 부모님의 동의가 필요한 시점이었다. 부모님께 사실을 알렸더니 난리가 났다. 이유인즉, 지금은 성공한 스포츠 선수가 여럿 있지만, 그 당시는 철저한 문상주의라 공부만이 성공이라는 공식이 지배하고 있었기 때문이다. 꿈 많은 소년의 꿈은 그렇게 끝이 났다. 사실 축구선수를 원했던 것은 아니었기에 꿈이라고 하기에는 그렇지만 원했던 것을 하지 못하고 포기를 해야 했기에 좌절하지 않을 수 없었다.

그 뒤로도 소년은 줄곧 세상이 정해준 길을 가게 된다. 본인이 원했던 것은 취미로 돌리고 제도권 교육을 통해 남들과 같은 표준화된 방법으로 중학교와 고등학교를 거쳐 대학에까지 이르게 된다. 그 과정에도 크고 작은 에피소드는 존재한다. 가령 고등학교때는 인문계임에도 불구하고 보충학습과 야간 자율학습을 제외한 정규수업 6교시만 받는 등 정해진 것들과의 투쟁은 계속되었다. 심지어 고등학교 2학년 시절에는 학교가 너무 가기 싫어 부모님께 학교를 그만두고 검정고시를 보겠다고 했다가 비 오는 날 먼지 나게 맞은 적도 있다. 어린 나이의 치기라고 하기보다 정해진 틀, 규칙과 같은 것들이 정말 싫었고 자유롭고 정해지지 않은 삶을 살고 싶었다.

우리가 사는 사회는 태어나서부터 나이에 따라서 정해진 길로 가야 하는 것들이 많다. 아기 때는 집에서 부모님의 보살핌을 받다가 일정나이가 되면 어린이집에 가야하고 유치원을 거쳐 초등학교에 입학 후 중등교육을 거쳐야 한다. 비단 교육면에서만 그런 것이 아니라 나이별로 시기별로 수행해야 할 과업이 정해져 있다. 예를 들면 중등교육이 끝나면 대학에 가야하고 졸업을 하면 취업을 한 후 결혼을 해야 한다. 결혼 후에는 자식을 낳고 가정에 충실하며 직장을 다니면서 열심히 돈을 벌어야 한다.

물론 이 모든 것들이 사회화의 과정이고 보편적 삶이라는 것에는 이견이 없다. 하지만 세상이 정해준 길로만 걸어서는 다양한 경험을 할 수 없을 뿐만 아니라 다른 길이 있다는 사실조차 모르고 생을 마감할 수 있다. 삶에는 여러 가지 길이 있다. 빠르고 편리한 고속도로 같은 길, 시간이 걸리고 고르지 못한 국도 같은 길, 일반 차량으로는 진입조차 어려운 비포장도로 등 알려지지 않은 길 또한 많다.

그럼에도 불구하고 우리는 왜 모두 정해진 길로 가려 하는 것일까? 사회와 제도 그리고 문화가 그것을 독려하는 이유도 있겠지만 또 다른 이유 중 하나는 많은 사람이 가는 길이라서 안전하다고 믿기 때문일 것이다. 선두에 선 누군가

한 행동을 무분별하게 따라 하는 행동을 일컫는 말인 레밍 효과에서도 알 수 있듯이 다수가 간다고 해서 그 길이 반드시 정답은 아니다. 길이라는 것은 처음부터 있는 것이 아니라 한 사람이 다니고, 두 사람이 다니고 많은 사람이 다니면 그것이 곧 길이 되는 법. 우리는 처음에 다니는 그 사람을 가리켜 개척자라 부른다. 물론 누구나 개척자는 될 수 있지만 아무나 될 수는 없다. 개척자가 되기 위해선 제도권과 사회가 정해놓은 틀과 반대 방향으로 갈 수 있는 용단은 물론 가는 중 겪게 되는 많은 변수를 이겨낼 수 있어야 하기 때문이다.

가끔 그런 생각을 해본다. 초등학교 때 부모님의 반대를 무릅쓰고 축구부에 가입했더라면, 고등학교 시절 중퇴를 하고 검정고시를 쳤더라면 나의 삶은 어떤 방향으로 전개가 되었을까? 더 좋은 방향으로 흘러갔을지 또는 운동 중 다치거나 사회 부적응자가 되었을지는 알 수 없는 일이다.

성인이 되고 나서부터는 크고 작은 모든 결정은 오롯이 나의 몫이 되었다. 그 선택에 의한 결과도 스스로 책임을 져야 했다. 똥인지 된장인지 꼭 찍어봐야만 직성이 풀리는 성격 덕분에 겪지 않아도 될 일들을 많이 겪었다. 조금 무식해 보일 수도 있지만 그렇게 온몸으로 경험하면서 체득해나가는 스타일이다. 정해진 규칙이나 관습과 같은 것들을 워낙 싫어하다 보니 학교나 군대와 같은 조직 생활이 쉽지 않았다. 고백하건대 군대를 입대하기 전까지만 해도 스트레스라는 것에 대해 크게 생각을 하지 못 하고 살았다. 스트레스 때문에 사람이 병들고 심할 경우 사망에 이를 수 있겠다고 생각이 든 것은 군 생활을 시작한 지 반년도 안 된 시점이었다. 잘못한 것도 없는데 선임자나 간부가 질타할 경우 죄송하다고 말하는 것이 일상다반사였다. 그런 점이 도저히 이해가 되지 않아 어느 날 간부의 이유 없는 질타에 맞선 경우가 있었다. 결과는 참혹했다. 죄송하다는 한마디면 넘어갔을 일이 간부는 물론 선임 선임자에게도 질타와 괴롭힘을 받아야 하는 상황에까지 이르렀다. 괜한 일을 만든 건 아닐까 하는 후회도 들었지만, 한편으로는 계속 반복되는 생활을 벗어나기 위해서는 언젠가 한 번은 겪어야 할 일이라고 생각하며 자신을 위안했다. 그 일이 있고 난 뒤 거의 한 달 가까이 잦은 꾸중과 여러 가지 부당함을 당했다. 억울했지만 견뎌내는 것 외에는 딱히 다른 방도는 없었다. 그렇게 묵묵히 한 달쯤 지났을까 간부와 다시 예전의 관계와 생활이 회복되었다. 재미있는 일은 그다음에 일어났다.

얼마 지나지 않아 또 앞과 비슷한 일이 벌어진 것이었다. 같은 상황에 대처하는 간부와 나의 태도는 이전과 달랐다. 간부도 일방적인 질타를 하지 않았고 나 또한 무죄를 크게 내세우지 않았다. 서로 한 발 정도씩 양보를 해서 적정선에서 타협을 본 것이다. 앞의 일이 있고 나서의 한 달의 시간이 나는 물론이거니와 간부도 편하지만은 않았기 때문에 가능한 일이었다. 그 후에도 비슷한 일들은 계속 일어났지만 서로 간 적정한 선에서 타협을 보고 넘어갔다. 그렇게 2년 남짓의 군 생활을 마감할 수 있었다. 만약 그때 앞으로 받게 될 한 달 동안의 부당한 처사와 꾸중이 두려워서 관행에 맞서지 못했다면 남은 군 생활도 타협은커녕 일방적인 갑을관계로 지내야 했을 것이다. 지옥 같은 한 달여의 생활이었지만 그걸로 인해 남은 군 생활이 편해졌으니 성공한 투자가 아니겠는가

어떤 일에든 치러야 할 대가는 있는 법이다. 세상이 정해준 길을 벗어나고자 하면 그에 상응되는 것을 희생하고 감내해야 할 수도 있을 것이다. 그러나 그것이 두려워서 정해진 길로만 가려 한다면 어떠한 변화도 기회도 잡을 수 없다. 스스로 새로운 길을 낸다는 것은 두렵고 어려운 일이 분명하다. 하지만 지금 걷고 있는 길 또한 누군가가 의지를 가지고 만든 길임을 기억하자. 내가 걸어가고 다른 사람이 그 위를 걸어가게 되면 그것이 곧 길이다. 인생에 정해진 길은 없다. 나만의 길을 향해 걸어가자!

붕어빵 찍어내는 세상

겨울철 길거리를 지나다 보면 노점에서 붕어빵을 파는 모습을 쉽게 볼 수 있다. 붕어빵이 만들어지는 과정을 자세히 들여다보면 주물 틀 안에다 반죽이 된 밀가루와 팥을 넣고 열을 가하면 굳어지면서 앞뒤가 대칭된 모양으로 똑같은 붕어빵이 나온다. 재미있는 광경이지만 붕어빵을 찍어내는 장면에서 문득 우리가 사는 세상이 투영되었다.

어느 도시든 지역과 관계없이 비슷한 모양의 아파트, 비슷한 모양의 자동차 등 우리 주위에는 붕어빵처럼 찍어낸 듯한 것들이 많이 있다. 비단 유형의 제품뿐만 아니라 보이지 않는 무형의 서비스까지도 말이다.

기술혁신, 교육혁신, 사회혁신 등 많은 분야에서 혁신을 외치고 있다. 기존의 것들이 이제는 유용하지 않거나 새로운 것들만 좋아해서 혁신이 필요한 것이 아니라 아마 다양성의 부재가 가장 큰 요인으로 작용하기 때문일 것이다. 다양성이 척도는 중요하다. 얼마만큼의 다양성을 인정하느냐에 따라서 기술,

교육, 문화 등에 직접적인 영향을 준다.

우리 사회는 오래전부터 전통적인 유교 사회였다. 개인의 개성을 강조하기보다는 집단과 어울림을 강조했다. 그러다 보니 남들과 달라서 눈에 띄는 것보다 무리 안에서 무난한 것을 더 선호하는 분위기가 강했다. 유행적인 부분만 보더라도 특정 개인이 선도하기 보다는 유행이다 하면 모두가 그것을 따라 하는 추세다. 특정 옷이 유행하면 모두 그 옷을 따라 산다든지 영화나 드라마에서 나온 액세서리가 유행되면 너나 할 것 없이 모두 그것을 사는 진풍경이 벌어진다. 최근 성형에 대한 붐도 일어나 성인은 물론 고등학생에 이르기까지 성형수술을 하는 추세인데 여기에도 유행하는 트렌드가 있다. 눈, 코, 이마 등 특정 형태가 대세라면 모두 같은 형태로 시술을 한다. 수술을 한 사람들을 길에서 보면 비슷하게 생긴 이유가 여기서 기인하는 것이다. 이렇듯 유행의 부분까지도 붕어빵을 찍어내듯 하는 세상이다.

소비적인 유행은 그렇다 치더라도 문제에 대한 해결방법까지도 붕어빵 찍어내듯 똑같은 방식으로 접근해서는 안 된다. 예를 들어 아픈 사람의 경우 아픈 곳이 모두 다르고 원인과 상태 또한 다르다. 이럴 때 처방 및 치료방식도 달라야 하는데 모두에게 같은 방식의 치료를 제공한다고 하면 어떻게 되겠는가?

목에 담이 심하게 걸려서 집 근처의 정형외과를 찾은 적이 있다. 접수하고 기다리고 있었는데 내 차례가 되자 진료실로 가기 전 목 엑스레이를 먼저 찍고 오라고 했다. 초진이었고 의사와의 대면도 없이 그런 안내를 받으니 황당하기도 하고 당황스러워서 반문했더니 다들 그렇게 한다고 하는 것이었다. 어이가 없어서 엑스레이를 찍지 않고 진료실로 들어갔다. 의사에게 환자의 상태도 한번 보지 않고 엑스레이부터 찍고 오라는 것에 대해 말했더니 오히려 정색하며 화를 내기에 도저히 참을 수가 없어 같이 화를 내고 병원을 나와버렸다. 아픈 사람을 치료하는 병원에서조차 붕어빵 정신이 존재하고 있었다. 사람이 같은 일을 계속 반복하다 보면 매너리즘에 빠질 수 있다는 것은 어느 정도 이해가 되지만 환자를 대하는 방식과 치료마저도 일률적으로 한다는 게 도무지 이해가 안 되는 부분이었다.

그럼 이 붕어빵 정신은 도대체 어디에서 나오는 것일까? 곰곰이 생각해보니 그 뿌리는 귀차니즘과 매너리즘의 맥락과 일치하는 것을 발견했다. 매너리즘의 사전적 정의는 항상 틀에 박힌 일정한 방식이나 태도를 취함으로써 신선미와 독창성을 잃는 일이라고 되어있다. 누구나 매일 반복되는 업무나 과정에서 기존의 방식을 그대로 고수하는 것이 편하지 새로운 방식을 고안하거나 다른 방법으로 하는 것은 많은 수고스러움을 동반할 것이다. 문제는 이 매너리즘에 한 번 빠지게 되면 헤어나오기가 몹시 어렵다는 점이다. 웬만한 의지력으로 해결될 수 있는 것이 아니며 특단의 조치나 상황에 따른 장치적인 도움이 필요로 한다.

군대를 제대하고 골프 판매회사와 이벤트 대행회사를 거쳐 세 번째로 들어간 고등학교 전산팀에서 근무 할때의 일이다. 앞의 두 회사에 비교해 비교적 업무가 간단했고 내근으로만 이루어진 일이었기에 늘 같은 업무의 반복이었다. 모든 일이 그렇겠지만 처음에는 업무를 익히느라 다른 생각 없이 일에만 전념했다. 업무가 어느 정도 손에 익을 때쯤 조금씩 요령을 피우기 시작했고 급기야 매너리즘에 빠지기 시작했다. 일은 재미가 없어졌고 출근하면 그지 퇴근 시간을 기다리며 대충 시간을 보내는 날이 잦아졌다. 매일은 지루함과 귀찮음의 일상이었고 한달 중 가장 기쁜 날은 월급날 하루뿐이었다. 그렇게 몇 달이 흘러갔다. 계속 이런 생활을 안 되겠다고 생각해서 이 상황을 벗어날 방법론적인 책도 읽어보고 동기부여를 북돋아 주는 동영상도 시청히고 갖가지 방법을 다 써봤지만 좀처럼 빠져나올 수가 없었다. 개인의 의지력만으로는 해결할 수 없다고 판단하고 업무 환경적인 부분에 장치를 만들었다. 개인용으로 쓰던 PC의 인터넷 선을 잘라버렸고 일과시간에 늘 놀러 갔던 인쇄실 기사님의 방에도 가지 않았다. 이외에도 크고 작은 제한과 제약을 주는 환경을 만들어 버렸다. 갑작스러운 생활의 변화에 내 안의 또 다른 나는 아우성을 치고 난리가 났다. 하지만 특전사 출신의 사나이 아니겠는가. 귀 닫고 눈감은 채 석 달을 보내고 나니 엄청난 변화가 찾아왔다. 매너리즘이라는 녀석은 온데간데없이 사라졌으며, 오히려 업무의 효율성을 높이는 방법들을 고안해내기 시작했다. 결핍은 창조의 어머니라고 했던가. 순간 에디슨이 빙의라도 한 듯 창조성이 폭발하는 시점이었다. 그렇게 매너리즘이라는 친구와는 깔끔한 작별을 할 수 있었다. 다시는 또 만나는 일이 없도록 하자고 서로 간 굳게 다짐을 하면서 말이다.

다시 본래의 이야기로 돌아오면, 이 매너리즘의 극복이야말로 붕어빵 정신을 퇴치하는데 가장 우선시되어야 할 부분이라 할 수 있겠다. 개인이든 조직이든 사회가 되었던지 붕어빵 정신을 탑재하면 매우 편리할 것이다. 별다른 창조와 노력 없이 같은 방식과 방법으로 계속 찍어내기만 하면 되기 때문이다. 컨베이어 벨트 기반의 산업시대에는 이 방법이 아주 유용하게 쓰였을 것이다. 더 나아가 시대를 이끄는 원동력이 되었을지도 모른다. 짧은 시간 안에 많은 것들을 만들고 결과를 내야만 했던 시대상을 반영하자면 말이다.

지금은 탈산업화 시대를 넘어서서 지식 정보화 시대에 들어섰다. 과거의 방식과 방법은 이제는 유용하지 않을 뿐 아니라 발전과 성장에 걸림돌이 된다. 지금 우리에게 필요한 것은 붕어빵 정신이 아니라 메이커 정신이다. 같은 것을 계속 찍어내는 것이 아니라 새로운 가치를 만들어내는 도전 정신이 필요하다. 무엇이든 처음이 어려운 법이다. 한번 시작하기만 하면 어렵게만 느껴졌던 일들도 의외로 잘 풀리고 쉬웠던 경험이 많다. 직접 경험해보기 전에는 알 수 없을 뿐만 아니라 남는 것도 하나 없다. 어렵게 생각했던 일들도 가벼운 마음으로 생각하고 도전해보자. 그 결과는 실패냐 성공이냐를 떠나서 경험이라는 소중한 자산으로 남게 될 것이다.

이왕 말이 나온 김에 경험에 대해 조금 이야기하고자 한다. 예를 들어 절대 사고가 나지 않도록 배를 항해하는 방법은 무엇일까? 이 질문에 대한 답은 배를 선착장에 정박시키고 절대로 항해를 하지 않는 것이다. 항해를 하지 않으니 사고가 날 수 없는 것은 당연하다. 사고라는 고통을 피하고자 항해라는 경험을 하지 않는다면 결국 아무것도 얻을 수 없다는 말이다.

두렵다, 흔들린다

두려움이라는 감정은 인간의 지극히 자연스러운 감정이다. 그런데도 우리가 사는 사회에서는 두려워하지 말 것을 우리에게 주문한다. 도대체 무엇을, 왜 두려워하지 말아야 하는지 모르겠다.

과연 두려움이라는 것은 극복해야만 하고 극복 가능한 것일까? 어렸을 적 나는 겁쟁이들이나 하는 것이 두려움인 줄로만 알았는데 성인이 된 지금 세상 모든 것이 두렵고 설렌다. 나에게 있어 두려움은 묘한 긴장감과 흥분을 같이 가져온다. 너무나 큰 두려움은 꼼짝도 못 하게 할지 모르지만 적당한 두려움은 우리 삶에 필요한 요소인 듯하다.

살아오면서 첫 번째로 느꼈던 두려움은 유년시절 태권도 겨루기 대회로 기억한다. 국기원에서 주관하는 단증 심사를 위해 대회에 참가한 적은 있었지만, 순수 겨루기 대회 참가는 처음이었다. 상대는 비슷한 또래였지만 체격이 훨씬 큰 친구였다. 겨루기 시작 전부터 상대의 겉모습만 보고도 엄청난 두려움이 엄습해왔다. '과연 내가 저 상대를 이길 수 있을까? 하는 생각에서부터 온갖 생각들로 가득 찼다. 이런저런 생각과 두려움에 쌓인 채 겨루기는 시작되었다.

막상 겨루어 보니 상대는 덩치만 컸을 뿐 실력은 그에 상응하지 못했다. 경기가 막 무르익을 즈음 나의 두려움은 어느덧 자신감으로 바뀌고 있었다. 예상보다 싱겁게 승부가 났고 난 그 기세와 자신감으로 결승까지 올라가 우승 트로피를 따낼 수 있었다.

그 당시에는 몰랐으나 지금 와서 생각해보니 정말 두려움이라는 것은 실체가 없는 것이었다. 머릿속을 지배하던 그것은 막상 현실에서는 나타나지 않았다. 인생에서 처음으로 마주한 두려움은 그렇게 자취를 감추는 듯했다. 평온하고 유복했던 유년시절은 아버지의 사업 부도로 인해 끝이 나고 완전히 다른 삶을 살게 되었다. 이때 마주쳤던 두 번째 두려움은 앞의 두려움과는 비교할 바가 아니었다.

살던 집에는 매일같이 빚쟁이가 찾아왔고 그럴 때마다 우리 가족은 아무도 없는 척 숨죽여 있어야만 했다. 어떤 날은 빚쟁이가 우리가 집에 있는걸 알아차렸는지 집 앞에서 오래 있는 탓에 밖을 나갈 수도 없는 경우도 있었다. 그렇게 얼마나 지났을까? 결국 법원에서 나와 집안의 물건들에 빨간 딱지를 붙였다. 책상을 제외한 모든 물건과 제품에 딱지를 붙였던 거로 기억한다. 어쩌면 죽을 때까지 한 번도 하지 못할 수 있는 경험을 본의 아니게 어린 나이에 해버렸다. 경험해본 사람들은 알겠지만, 이 사건 이후의 삶은 기억하기도 싫을 정도로 흘러갔다.

그 후에도 성인이 되기 전까지 크고 작은 무수한 두려움들이 찾아왔다. 그럴 때마다 나는 어떻게 대처해야 하는지를 잘 알지 못했다. 그저 두려움에 떨며

눈물을 흘린 적도 있었고 왜 자꾸 나에게만 이런 일이 일어나는지에 대해 한탄하며 세상을 증오한 적도 있었다.

성인이 된 지금도 그 두려움은 수시로 찾아온다. 새로운 일을 시작할 때에도 소개팅 약속 시각 십 분 전에도 못 먹는 음식을 주위 사람의 권유로 처음 시도할 때에도 말이다. 예전과 다른 점이 있다면 이제는 어느 정도 내성이 생겼고 어떻게 대처를 해야 하는지를 안다는 점이다.

두려움에 대처하는 방법에는 개인마다 여러 가지 방법이 있겠지만 보편적인 방법으로는 우황청심환을 먹는다든지 용기를 북돋아 줄 수 있는 사람을 찾는다든지 직접 마인드 컨트롤을 하는 방법들이 있다.

두려움을 느끼는 존재와 상황들 또한 개인적 특성에 따라 편차가 있겠지만 보통 새로운 것에 도전한다든지 직접적인 신체적 위험에 빠졌을 때 우리는 두려움을 느낀다. 또한, 많은 사람 앞에서 말을 할 경우나 말이 안 통하는 외국인과의 영어 대화에서도 두려움을 느낀다.

이는 인간이 불완전한 존재이기 때문에 당연하다. 그래서 우리는 신과 같은 완전한 존재, 종교를 찾기도 한다. 이야기가 나온 김에 잠시 종교 이야기를 해 보고자 한다. 백과사전에서 종교의 정의에 대해 살펴보니 이렇게 정의되어 있다. '종교의 역사는 인류의 역사만큼 오래되었으며, 현대에 이르기까지 모든 문화, 모든 민족에게서 보이는 문화 현상'이다. 내심 조금 더 거창한 정의를 기대했는데 문화 현상이라는 단어를 보고 조금은 실망감이 든다. 종교가 일종의 문화 현상이었다니.

나의 종교는 기독교이다. 그렇다고 신실하거나 열렬한 크리스천은 아니다. 굳이 정의하자면 중용의 크리스천이라고 할까. 우리 집안은 어렸을 때부터 불교를 믿는 집이었다. 지금도 어렴풋이 기억나는 건 어느 섬에 위치한 절에 가족 이름을 적은 등을 달기도 했다. 불교에서 기독교로 개종을 하게 된 결정적인 계기는 교통사고였다. 비가 많이 오던 날이었는데 반대쪽에서 달리던 차가 중앙선을 침범해 우리 가족이 타고 있던 택시를 정면으로 받은 사고였다. 그 사고로 인해 가족 전원은 병원에 입원하게 되었고 아버지의 경우 다리에 철심을 박는 큰 수술을 두 차례나 감행했어야만 했다. 우리가 입원해 있던 병원 지하에는 작은 교회 예배당이 있었는데 그곳에서 일하시는 여자 전도사 한 분이 병원 전체를 돌며 전도 활동을 하고 있었다. 그분의 전도 활동 과정에서 우리와 만나게 된 것이 개종의 시발점이었다. 그 뒤로 지금까지 기독교인으로 살아온 나는 매주 일요일이면 가족과 함께 그 당시 다니던 교회에 가서 예배를 드린다. 지극히 개인적인 생각이지만 종교라는 것은 어떤 종교를 막론하고 하나 정도는 가지고 생활하는 것이 실생활에 여러모로 도움이 된다고 생각한다. 새로운 경험으로 인해 삶에 변화가 일어나는 것을 직접 느껴보길 바란다.

우리는 살아가는 동안 많은 두려움과 흔들림을 겪는다. 요즘은 중학생만 사춘기를 보내는 것이 아니라 성인들 또한 오춘기를 겪는다고 한다. 이처럼 사람이 살아가면서 겪는 두려움과 흔들림은 당연한데 이 당연한 것을 당연하게 받아들이지 못하고 문제라고 생각하고 맞서 싸우려다 보니 진짜 큰 문제에 봉착하는 것이다.

지금 우리가 사는 시대는 불확실성의 시대다. 예언자가 아닌 이상 누구도 미래를 알 수 없다. 흐르는 강물에 몸을 맡기듯 유연한 자세가 필요하다. 일어나는 모든 일에 일희일비할 필요도 없고 일어나지도 않은 일에 대해 걱정하거나 두려워할 필요도 없다. 그저 묵묵히 하루하루 최선을 다해 살아가면 되는 것이다.

모든 감정이 마찬가지이겠지만 두려움이라는 감정은 생각하면 할수록 더욱 커지는 걱정과 닮아있다. 작은 걱정이 점점 더 큰 걱정이 되듯이 두려움 또한 작은 것으로 시작해 일파만파 번지면서 큰 두려움으로 다가오는 것이다.

힘들 때 꺼내보는 책처럼 자기 자신을 잡아줄 문장 하나쯤 가슴에 품고 사는 것도 두려움에 대처할 수 있는 좋은 방법이다. 아직도 두렵거나 흔들린다면 책 속에서 찾아낸 문장을 가슴에 새겨볼 것을 추천한다.

무엇을 위해 살아가는가

무엇을 위해 사는가? 다분히 철학적인 질문이다. 종종 듣게 되는 질문인데 한마디로 답하기가 어렵다. 이 질문을 하면 보통 여러 가지 대답들이 나온다. 싫든 좋던 태어났으니 산다, 사랑하기 위해 산다. 행복을 위해 산다 등등 개인이 추구하는 가치관이나 목적에 따라 다양하게 대답한다. 아리스토텔레스는 "인간은 행복하기 위해서 산다."고 말했다. 과연 나도 행복하기 위해 살아가고 있는 걸까?

최근 지식경영자 아카데미라는 오프라인 수업을 듣고 있다. 지인이 주최하는 교육 모임인데 원래는 피터 드러커의 경영 사상을 배우기 위한 일 년 과정의 교육인데 최근에는 두 달여 과정으로 진행된다. 경영이론을 접목하여 성과를 거둔 연사들이 직접 경험과 노하우를 전달해준다. 이 과정을 공부하면서 가장 많이 듣고 배운 것은 사명에 관한 부분이었다. 자신이 하는 일에 대한 사명과 목적을 정확히 정하는 것에서부터 모든 것이 시작된다고 한다.

생각해보니 여태껏 내가 하는 일에 대해 사명을 정의 해본 적이 없었다. 그냥 막연히 성공하기 위해서나 돈을 벌기 위한 목적으로 일을 하고 있었다. 사명을 정하고 난 뒤 일과 삶 자체가 많이 변했다는 연사들의 강연을 들으니 나도 사명을 정해야겠다는 생각이 들었다. 막상 정하려 하니 사명이라는 단어 자체에서 뭔가 거창하거나 대단한 느낌이 들어서 쉬운 작업이 아니었다.

오랜 노력과 시간 끝에 다음과 같은 사명을 정했다. '나는 내 경험에서 얻은 노하우를 토대로 필요로 하는 사람들과 나누고 공유하며, 많은 사람에게 선한 영향력을 끼칠 수 있는 존재가 되겠다.' 확실히 사명을 정하고 나서부터 모든 경험에 대해 좀 더 적극적으로 임할 수 있었고 경험을 통해 무언가를 꼭 얻으려는 자세가 견고해졌다. 단순히 사명을 정하는 것이 어떤 변화를 가져올 수 있을까 반신반의했지만 그 효과는 기대 이상이었다.

다시 본래의 이야기로 돌아와서 아리스토텔레스가 말하는 행복에 관해 이야기하고자 한다. 요즘 행복이라는 단어는 시대적 화두이다. 현대인들은 워낙 각박한 삶을 살아가고 있고 빈부의 격차는 더욱 커지고 물질만능주의는 날로 심해져 가고 있다. 이러한 배경에서 사람들은 행복을 찾아 헤매기 시작했다. 서점에 가보면 행복의 조건이라는 제목의 책부터 행복에 관한 다양한 책들이 나와 있다.

여러 가지 내용 중 고대 그리스 철학자 플라톤이 말하는 행복의 조건 5가지를 소개하려 한다.

첫째, 먹고 살기에 조금은 부족한 듯한 재산

둘째, 모든 사람이 칭찬하기에 약간 부족한 외모

셋째, 사람들이 절반밖에 알아주지 않는 명예

넷째, 남과 겨루었을 때 한 사람에게는 이기지만 두 사람에게는 질 정도의

힘

다섯째, 연설을 듣고서 청중의 절반 정도만 박수를 보낼 정도의 말솜씨

재미있기도 한 내용이지만 다섯 가지를 아울러보면 하나로 일축할 수 있다. 즉, 적당히 모자라고 부족한 상태여야 행복할 수 있다고 말하는 것이다. 요즘 우리가 사는 세상은 늘 무언가를 더 채워야 하고 그런데도 부족함을 느끼는 세상 속에 살다 보니 완벽한 행복을 꿈꾸는 것 같다.

사실 행복은 강도보다 빈도가 중요하다. 행복이란 것은 한 방으로 해결되는 것이 아니라 소소한 작은 기쁨을 자주 느끼는 것이 더 중요하다. 가령 자신이 좋아하는 취미를 자주 즐긴다든지 맛있는 음식을 좋아하는 사람들과 함께 먹는 것 같이 기쁨의 연속이 곧 행복으로 연결된다.

길지 않은 삶이었지만 지난 삶을 돌이켜보면, 나 또한 행복을 찾아 많은 시간을 서성거렸다. 아니, 좀 더 정확히 표현하자면 성공을 위해 부단히 애써왔었다. 나에게 있어 성공이란 무엇이었을까?

고백하기 부끄럽지만, 흔히 말하는 부와 명예를 찾아 몹시도 쫓아 다녔다. 거기에는 나름의 타당성도 있었다. 세상이 인정하는 사회적인 성공을 해야지만 그 스토리와 노하우를 가지고 많은 사람에게 나누어 줄 수 있다고 생각했기 때문이다. 요즘 내가 생각하는 성공의 정의는 행복한 시간을 지속해서 영위할 수 있느냐 하는 것이다. 부와 명예를 가졌더라도 여기에 해당하지 못하면 성공이라고 보기 어렵다.

낮은 학업성취를 보이는 학생의 경우의 대부분은 자존감이 낮은 편이라고 한다. 이런 학생들을 높은 과제 수준에 도달하게 하려면 작은 단계부터 천천히 성공 경험을 쌓도록 해야 한다고 한다. 작은 성공 경험을 충분히 쌓아서 자존감을 회복해야만 더 나은 과제로 도전할 수 있다고 한다.

이것은 비단 학생들에게만 해당하는 내용이 아니라고 생각했다. 사회생활을 하는 성인들 또한 작은 성공 경험이 필요하다. 그런 경험이 모여 자신감을 만들고 그것이 도전 정신을 일으켜 한 단계 더 앞으로 나아가게 하는 원동력이 되기 때문이다. 그러다 보면 작은 성공들이 모여 결국 큰 성공을 불러오는 선순환 구조가 형성되게 될 것이다. 그만큼 경험이라는 것은 중요하다. 머리로 공부하거나 들은 것들은 일정 시간이 지나면 잊어버리지만, 몸으로 배우거나 경험을 통해 체내에 각인된 것은 아무리 시간이 흘러도 기억하기 때문이다.

그런데도 우리가 경험에 대해 인색한 이유는 물질적 비용뿐 아니라 심리적 비용까지 들기 때문이다. 어떤 일을 목표하거나 계획했을 때 그것을 실제 행동으로 이뤄내기 위해서는 굉장한 의지력이 수반된다. 새해 첫날이라면 좀 더 동력을 받을 수 있을지 모르겠지만 평시에 의지력을 불태우는 것은 쉬운 작업이 아니다. 나 역시 의지력과 끈기가 없어서 용두사미로 끝나는 일들이 허다했다.

혹여 나와 같은 사람을 위해 의지력을 높이기 위해 개발한 몇 가지 경험과 방법을 소개한다. 나는 매년 새해가 첫날이 되면 그해에 이룰 목표들을 리스트 형식으로 기록한다. 그리고 달성한 목표들에 대해서는 두 줄을 그어가면서 하나씩 지워간다. 빨리 이루고 싶은 마음에 작성된 목표를 동시다발적으로 진행한 적이 있는데 목표 달성은커녕 진도만 더디게 나갈 뿐이었다. 그 후 리스트에 순위를 매겨서 순차적으로 하나씩 진행했더니 훨씬 빠른 속도와 높은 달성률에 이를 수 있었다. 여기에도 선택과 집중이라는 것이 적용되는 듯하다. 목표를 세웠을 때는 여러 개를 동시에 진행하는 것보다 한 번에 하나씩 우선순위를 정해서 진행하는 것이 성공률을 높일 수 있다.

나의 목표 리스트에는 매일 책 읽기라는 항목도 있었는데 정말 목표 달성이 힘든 것 중 하나였다. 궁리 끝에 잔머리를 발동해서 매일 책읽기라는 항목에 분량은 명시하지 않았으니 한 페이지씩만 읽는 방법으로 목표를 달성했다.

이처럼 쉬운 행동은 의지력이 그다지 필요치 않지만 어려운 행동은 의지력이 많이 필요하기 때문에 한 번에 많은 것을 하려 하기보다 잘게 나누어서 하는 편이 좋다. 예를 들어 매일 운동을 하겠다는 목표를 세웠을 경우 매일 한 시간씩 운동을 하는 것이 아니라 매일 10분씩 운동을 하는 방식이다. 즉, 목표는 크게 설정하되 행동은 작게 하라는 말이다.

지금은 없앤 습관이지만 나에게는 우유부단, 흔히 하는 말로 선택 장애라는 습관이 있었다. 좋은 말로 하면 신중한 거였지만 객관적으로 봤을 때 그것은 우유부단에 가까웠다. 그러다 보니 새로운 것을 시작하는 데 있어서 많은 시간이 필요했다. 이것이 좋을까 저것이 좋을까 신중히 처리하다 보니 타이밍을 놓치는 경우도 허다했다. 처음엔 습관이기보다 성향일 것으로 생각했는데 자세히 관찰해보니 이것은 습관이었다. 그 후 나는 이 습관을 없애기 위해 큰 노력을 했다. 선택의 갈림길에 설 때마다 의식적으로 빠른 결정을 내렸고 결정과 동시에 바로 실행에 옮겼다.

이처럼 습관을 잘 이용해야 한다. 습관이라는 것은 무의식 속에서 발현되기 때문에 의식하지 못하는 경우가 태반이다. 의도적으로 이 습관을 관찰하고 의식하는 연습을 하면 내가 어떤 습관을 지니고 있는지가 파악된다. 그 후 내가 원하고 필요한 습관들만 남겨놓고 나머지는 없애면 된다.

나는 평소 공상과 상상을 즐기는 편이다. 특히 삶이 팍팍하거나 어려운 일이 생겼을 때는 재벌의 아들로 태어났으면 어땠을까? 혹은 로또 1등에 걸린다면 어떡할까? 등의 말도 안 되는 상상을 해보곤 한다. 아마 현실에서 도피하고 싶은 내 무의식의 발로가 아닐까 하고 생각된다. 하지만 곧 현실 세계로 돌아와서 문제 해결에 집중한다. 다행히 문제를 해결하고 나면 나 자신이 대견스럽고 처한 상황과 환경에 감사한 마음이 든다.

전 세계 인구가 75억 명 정도라고 한다. 이는 곧 75억 개의 삶의 목적과 방식이 있다는 것을 의미한다. 우리는 모두 75억분의 1이라는 소중한 삶을 사는 것이다. 무엇을 위해 살아가는지에 대한 거대한 담론은 필요 없다. 우리의 삶은 이미 존재 자체로 충분히 의미 있고 가치 있다. 최대한 많이 경험하면서 배우고 느끼며 후회 없이 살아가면 되는 것이다.

모라토리움 세대

각 세대를 지칭하는 말은 베이비붐 세대. 386세대, X세대, Y세대, 디지털 세대 등 여러 가지가 있었다. 그런데 요즘 청년세대를 지칭하는 말은 달관 세대, 나머지잉여 세대, 7포 세대 등의 비관적인 의미로만은 모자라 급기야 모라토리엄 세대라고도 불린다. 본디 모라토리엄이란 뜻은 라틴어로 '지체하다'란 뜻의 'morari'에서 파생된 말로 대외 채무에 대한 지급유예를 말한다. 일본의 어떤 정신분석학자는 어느 곳에서 소속감을 느끼지 못하고 모든 일에 방관자적인 태도를 보이는 사람을 모라토리엄 인간이라고 명명하기도 했다. 어쩌다가 이런 세대라고 불리는 사태까지 오게 된 것일까?

아마 사회 구조적인 측면이 가장 큰 역할을 한 듯하다. 기성세대 시절만 하더라도 대기업 등에서 원서를 들고 와서 회사에 입사해 달라고 했다고 한다. 심지어 그런 곳에도 못가고 정말 갈 곳이 없어서 가는 곳이 공무원이라고 할 정도였으니……. 그 시대적 상황이 어느 정도였는지 실로 이해가 가는 부분이다.

지금은 어떠한가? 서울시가 발표한 지방공무원 임용시험 경쟁률에 의하면 일반 행정의 경우 100 : 1, 전산직의 경우 360 : 1이라는 어마어마한 경쟁률을 보인다. 전산직의 경우 7명 선발에 2,500명가량이 응시를 했다는 이야기인데 정말 엄청나다는 말밖에는 표현할 길이 없다. 이렇게 보면 기성세대는 취업에 있어서 확실히 혜택을 받은 세대임은 틀림없다.

상황이 이렇다 보니 아예 취업을 포기하는 사람도 생겨나고 취업이 될 때까지 아르바이트하면서 생계를 연명하는 사람도 나타났다. 그런데도 상황은 나아지기보다 더 좋지 못한 방향으로 흘러가고 있다. 최근 뉴스가 신문을 보면 전문직인 직종인 변호사도 일거리가 없고 의사 직군도 파산하거나 빚에 허덕인다는 내용의 기사를 흔히 접할 수 있다. 엄청난 속도로 변화하는 건 기술뿐만 아니라 사회구조나 문화까지도 급변하고 있다. 이런 변화에 맞춰 신속하고 유연하게 대처한다는 것이 쉽지 않다는 것은 사실이다. 하지만 언제까지 변한 사회구조나 기회의 단절만은 탓하고 있을 수만은 없는 노릇이다.

확실히 전 시대에 비교해 기득권층은 견고해졌으며, 신분 상승을 할 수 있는 부분이 많지 않다는 것은 자명한 사실이다. 오죽하면 이제 신분 상승의 유일한 길은 연예인이 되거나 스포츠 선수가 되는 것이라는 말이 나돌고 있을 정도이니 말이다. 모두 하는 말이 개천에서 용 나는 시대는 지났다고 한다. 아주 틀린 말은 아니다. 예전만 해도 사법고시에 합격하면 동네에 플래카드를 걸고 했지만, 지금은 그런 사법고시마저 아예 폐지되었으며 로스쿨 졸업생도 일거리가 없어서 놀고 있다는 소식도 종종 들려온다.

그럼 어떻게든 이러한 시국에 열심히 노력해서 취업만 되면 그걸로 끝나는 것일까? 그 어렵다는 대기업에 취직한 사람도 3년 안에 이직하거나 퇴사하는 경우가 절반 이상이라고 한다. 남은 반 정도도 임원이라는 자리까지 가지 못하면 30대 후반에서 40대 초반에 퇴사해야 한다고 하니 운 좋게 취업을 한다 해도 그것이 끝은 아니라는 이야기이다. 다니던 회사를 퇴직하면 모아둔 돈과 퇴직금을 합쳐 창업하던지 재취업을 해야 하는데 보통의 경우 재취업보다는 창업하는 경우가 많다. 창업에 대한 강한 의지라기보다 재취업이 어려운 사회구조나 현실적인 부분이 더 크기 때문일 것이다.

하지만 여기에도 문제가 발생한다. 보통 직장 생활의 경우 여러 가지 경험을 할 경우가 지극히 드물다. 순환 보직이라는 제도도 있지만, 대부분이 한두 가지 보직에서 오랫동안 근무를 하고 나오기 때문에 자신이 경험하지 못한 부분에 대해서는 잘 알지 못하는 경우가 많다. 그래서 흔히 어느 정도 자금만 있으면 손쉽게 창업이 가능한 가맹점 사업이나 요식업 위주의 장사로 시작하는 경우가 많은데 전망이나 지속가능성은 신문기사나 통계자료만 봐도 알겠지만 그다지 추천하고 싶은 분야는 아니다.

보통 가장 이상적인 창업은 특정 직종이나 분야에서 일정 시간 기술을 연마하고 인적 네트워크도 확보된 상태에서 창업하는 것을 추천한다. 전적으로 동의하는 부분이다. 나의 경우 기술 연마와 네트워크 확보도 없이 20대의 젊은 패기와 열정만 가지고 창업을 하다 보니 수많은 삽질과 시행착오를 많이 겪었다. 흔히 말하는 사업의 3요소인 자본, 기술, 네트워크 중 어느 하나 갖춰진 게 없이 시작했으니 당연한 결과였다. 창업 당시 심정은 매도 먼저 맞는 것이 낫다고 어차피 언젠가는 하게 될 창업이라면 한시라도 젊을 때 먹여 살려야 할 처자식이 없을 때 하는 것이 운신의 폭도 넓고 과감한 결정이 가능할 것으로 생각했다. 그렇게 시작된 창업은 7년 동안 엄청난 삽질과 에피소드로 점철되어 있다. 창업에 관한 에피소드는 뒷장에서 좀 더 구체적으로 언급하도록 하겠다.

그렇다고 모두가 창업하라는 말은 아니다. 한때 정부에서 취업이 안 되니 창업을 하라고 했는데 정말 말도 안 되는 이야기이다. 취업과 창업. 둘 다 경험해 봤지만 어려운 거로만 치자면 창업 쪽이다. 창업은 취업이 안 되었을 때 취하는 대안이 아니라 많은 준비는 물론 성공할 수 있는 전략적인 접근이 요구된다. 막무가내로 하는 창업 또한 나이가 젊은 경우는 경험 삼아 추천할 만 하지만 가정이 있고 책임이 필요한 입장이라면 막무가내 창업만은 극구 말리고 싶다. 아직 우리 사회는 실패에 그다지 관대하지 못하다. 운 좋게 창업 후 바로 성공할 수 있다면 좋겠지만 대다수의 경우 성공보다는 먼저 실패를 경험하게 된다. 처한 환경에 따라 실패 후 그것을 발판삼아 재도약한 후 성공하는 경우도 있지만 한 번의 실패를 감당하지 못해 그대로 끝나버리는 경우도 허다하다.

그럼 이 모라토리엄 세대라고 불리는 우리들은 어떤 길을 택하고 걸어가야 할까? 우선 가장 시급한 건 생존 전략이다. 직장에 취업하든 창업을 하던 아르바이트를 하던지 우선 돈을 버는 경제활동을 해야 한다. 여기에는 어떤 것이 좋다고 말할 수 없다. 자신의 가치관 하에 역량과 적성을 고려해서 선택하면 되는 것이지 사회적인 기준과 세상의 눈치를 볼 필요가 없다는 말이다.

우리는 남을 위해 사는 것이 아니다. 더구나 가족이나 친구를 위해 사는 것도 아니고 오로지 자기 자신을 위해 살아가면 된다. 이기주의자로 살라는 말은 아니니 오해 없길 바란다. 우리에겐 세상과 타인의 눈치를 보고 살 시간조차 없다. 오로지 자신만의 인생을 향해 나아가야 한다.

방법론적인 부분에 관해서는, 우선 생존 전략을 통해 생존이 확보되면 그 다음은 자기 자신을 객관적으로 성찰해야 한다. 진정으로 자신이 원하는 것이 무엇인지, 어떤 강점이 있고 또 그것으로 어떠한 성과를 낼 수 있는지 마지막으로 진정 내가 목숨까지 바칠 수 있을 만한 좋아하는 것인지에 대해서 말이다.

시류와 트렌드는 항상 변한다. 이제는 이 변화의 주기도 아주 짧아지고 있다. 트렌드만 쫓아다녀서는 장기흥행, 롱런할 수 없는 시대다. 언제 어떻게 변할지 모르는 트렌드를 쫓기보다 내면의 성찰이 우선시되어야 하는 이유가 여기에 있다.

자신이 진정으로 좋아하는 일을 하다 보면 실력은 저절로 늘게 되어 있다. 시켜서 하는 일이 아닌 스스로가 원하는 일이라면 그것에 대하는 자세부터가 다르다. 심지어 물질적 보상이 없는 경우에도 불구하고 노동으로 느껴지기보다는 재미로 다가오는 경우도 있다. 이쯤 되면 나는 좋아하는 일이 무엇인지 모르겠다는 사람들이 나온다. 당연하다는 생각만으로 자신이 좋아하는 것을 찾아내기란 불가능하다. 방법은 직접 경험을 해보는 수밖에 없다. 직접 경험해보면 생각했을 때는 좋았을 것 같았던 일도 별로인 경우가 있고 별로라고 생각했던 것들이 의외로 좋은 경험으로 다가오는 일도 생긴다. 그래서 직접 경험을 해보는 것이 중요한 것이다.

어떤 것이든 경험해보지 않고서는 판단할 수 없다. 그것이 좋은 경험이든지 나쁜 경험이든지 말이다. 부득이 여러 가지 제약으로 직접 경험이 어렵다면 간접 경험도 괜찮다. 책이나 경험담을 읽어본다든지 직접 경험을 해본 사람들에게 조언을 구하는 것도 하나의 방법이다.

경험을 토대로 자신이 원하고 의미 있는 것을 찾은 다음 그것에 집중한다면 반드시 성공에 이룰 수 있다. 취업이 되었든 창업이 되었든 간에 이런 것은 형태적인 것에 지나지 않는다. 정작 중요한 것은 위의 제시된 방법으로 내가 가고자 하는 본질에 닿을 수 있어야 한다. 그 본질을 이해하고 부단한 노력으로 경주했을 때 시류와 맞아떨어지는 그 교차점에서 성공이 기다리고 있다.

성공한 사람들의 인터뷰를 보면 흔히 하는 말 중에 운이 좋았다는 말을 자주 한다. 운은 항상 우리 주위에서 준비된 자를 기다리고 있다. 그 운과 마주하려면 한발 한발 운이 기다리고 있는 교차점으로 나아가면 된다. 경험하고 또 경험하자. 다음번 성공이라는 운과 마주할 사람은 바로 그대이다.

그냥 그런 생각들

사회 전반에 허세가 득세하고 있다. 소비 형태는 물론 생활 양식에서도 보이는데 우스갯말로 집은 없어도 차는 다 있다고 한다. 집값이 워낙 비싸니 그럴수도 있겠다고 생각할 수 있겠지만 실상을 들여다보면 그 내용이 조금 다르다. 요즘 지역 곳곳에 신축 원룸이 많이 들어서는 추세이다. 그 원룸 앞을 지나면서 무심코 주차된 차들을 보면 고급 승용차를 많이 볼 수 있다. 아파트 전셋값에 해당하는 차들도 제법 주차되어 있다.

우리들은 남에게 보이는 것이 참으로 중요한 듯하다. 사는 곳은 남에게 보이지 않지만 타고 다니는 차는 남에게 보이기 때문에 원룸에 살지언정 차는 좋은차를 타야 직성이 풀리는가 보다. 물론 말 못 할 사정도 있을 수 있다.

실제로 차로 인해 일어난 내 경험을 이야기하고자 한다. 운전면허를 딴 뒤제일 처음 산 차는 경차였다. 생애 첫차기도 하고 운전이라는 경험을 할 수 있어서 설레고 신났다. 그런데 막상 도로에 나가보니 내 설렘은 어느새 짜증으로 변해있었다. 차가 작다 보니 무시는 물론 끼어들기와 위협운전까지 당했다. 당시는 블랙박스가 없었기 때문에 가능한 일이었다. 차가 작다고 무시하는 정서 자체가 이해하기 어려웠다. 20대 불같은 성격에 운전하면서 그런 일을 당하면 참지 못하고 하루에 평균 한 번씩은 싸웠던 거로 기억한다.

그러다가 점점 차의 크기가 커지면서 상황은 변했다. 무분별한 끼어들기와 위협운전을 하는 사람들이 적어졌으며 심지어 큰 차를 타고 나갔을 경우는 양보까지 해주는 미덕을 베풀었다. 여러 가지를 느끼게 하는 경험이었다. 운전 습관이나 운전자도 그대로이고 단순히 차의 종류와 크기만 바꿨을 뿐인데 도로의 상황은 전혀 달라졌다. 한편으로는 저러니 여유가 안 돼도 좋은 차에 투자할 수밖에 없겠다는 생각도 들었다. 마냥 허세를 탓할 것이 아니라 허세를 조장하는 사회적 분위기와 문화를 먼저 바꾸는 것이 급선무인 듯하다.

나 역시 도로 위에서 실제 경험을 해보니 큰 차를 운전하는 게 스트레스도 적게 받고 운전하기에 편했다. 작은 차를 운전했을 때 받을 스트레스를 생각하면 웬만해서는 작은 차를 타고 싶지 않았다. 어쩌면 이미 개인의 노력만으로는 바꾸기 힘든 상황에까지 이르렀는지도 모른다.

개인은 물론 사회 전체적인 인식전환과 행동 변화가 필요한 시점이다. 사실 허세가 필요한 곳은 따로 있다. 또한 생활 전반에 작은 허세는 필요로 한다. 남모르게 까는 키 높이 깔창, 친구들 사이에서 술값 계산, 직장 동료 간 체육대회의 힘 자랑, 마음에 드는 이성 앞에서의 노래 자랑, 모임에서의 배우자 치켜세우기 등이 빠져서는 서운하다.

부끄럽지만 내 고등학교 시절 부렸던 허세 이야기로 마무리하고자 한다. 때는 바야흐로 고등학교 2학년 웨이트 트레이닝에 빠져있던 시절이다. TV에서 근육질의 연예인 스타들이 처음으로 붐을 이루던 때였다. 가장 친한 친구와 함께 집 가까운 헬스장에 등록한 후 매일같이 몸 만들기에 집중했다. 헬스장에서는 운동하는 사람들 간 묘한 신경전이 일어나는데 그것은 아마도 수컷들의 기싸움 같은 것이다. 일테면 한 명이 20kg의 바벨을 들어 올리면 그 옆에 사람은 25kg의 바벨을 들어 올리고 20kg을 들어 올렸던 사람은 다시 30kg을 들어 올리는 식이다. 서로 간 계속 무게를 올리다 더 못 올리는 사람이 자리를 뜬다. 승부의 세계에서 진 것이다.

친구와 나는 어린 나이였지만 어른들과 이런 승부를 즐겼다. 지고 싶지 않다는 승부욕도 있었지만 어린 치기가 더 강했었다. 운동을 열심히 한 덕분인지 객기인지 모르겠지만 그렇게 웬만한 어른들을 다 이기고 나니 세상을 다 가진 듯 흐뭇했다.

그러던 어느 날 진짜가 나타났다. 겉보기에도 범상치 않은 포스의 외국인이었다. 하지만 우리가 누구인가. 성인 남성도 다 이겨버린 허세 폭발의 고등학생 아니었던가. 물러서지 않고 진검 승부에 임했다. 그렇게 시작된 승부는 팽팽하게 이어지는 듯했으나 결국 손목과 어깨 인대가 다치는 부상을 가져왔고 결과도 대참패였다. 외국인은 뼈대 자체가 굵어서 어쩔 수 없이 졌다는 등의 핑계를 대며 자신을 위안했지만 몇 개월에 걸친 부상 치료를 하면서 운동을 할 수 없게 되자 내 행동에 대한 뒤늦은 후회가 밀려왔다.

칼은 어떻게 쓰냐에 따라서 훌륭한 도구도 될 수 있고 끔찍한 흉기도 될 수 있다. 칼의 양면성인데 이것은 칼에게만 해당하는 것이 아니다. 허세 또한 어떻게 사용하느냐에 따라서 자신의 몸을 지킬 수 있는 유용한 방어책이 될 수 있고 자신을 망가뜨리는 해로운 것이 될 수도 있다. 사람인 이상 허세도 부리고 과장도 하고 살아야겠지만 지금부터는 유용한 허세만 부려보면 어떨까?

당신의 청춘은 안녕하십니까?

청춘. 보고만 있어도 뭔가 가슴이 벅차오르는 단어이다. 사전을 찾아보니 푸를 청에 봄 춘. 즉, 만물이 푸른 봄철이라는 뜻으로 십 대 후반에서 이십 대에 걸치는 인생의 젊은 나이라고 적혀져 있다. 이런 사전에 적힌 대로라면 30대인 나는 이미 청춘이 아니다. 60대 할아버지도 나이는 숫자에 불과하다며 청춘을 외치는 시대인데……

청춘에 대한 재정의가 필요하다고 할 수 있겠다. 청춘은 생물학적 나이와 무관하게 마음의 나이와 열정이 그것을 가늠하는 척도가 된다고 생각한다. 나이가 젊은 사람이라도 청춘이라고 부르기엔 미안한 사람이 있으며, 나이가 많지만 누가 보기에도 청춘이라고 불러야만 될 것 같은 사람이 있다. 보통 우리는 열정 있는 사람을 보거나 현실적인 장벽 앞에서도 개의치 않고 열심히 노력하는 사람들을 보고 청춘이란 말을 자주 하곤 한다.

청춘은 포기하지 않는 도전정신으로 자신의 이상과 포부를 위해 노력하는 자세라고 정의하고 싶다. 어릴 적에는 무엇이 성공이고 실패인지도 잘 구별되지 않는다. 걸음마를 배울 때 걷다가 넘어지면 그저 다시 일어나 걷고 넘어지면 또다시 일어나 걸을 뿐이다. 넘어진 본인도 그것을 지켜보는 부모도 그 넘어짐을 실패라고 생각하지 않는다. 수천 번의 넘어짐은 걷기 위한 과정일 뿐이다. 발명왕 에디슨도 자신은 실패한 적이 없다며 단지 작동하지 않는 만 가지 방법을 찾았을 뿐이라고 말했다. 청춘은 실패를 두려워하지도 않을뿐더러 심지어 그것을 실패라고 규정하지도 않는 법이다. 사람은 학습된 대로 행동하고 살아가는 경우가 많다. 득히나 머리가 아닌 행동을 통한 몸으로 학습된 것은 잊어버리지도 않고 그 보존 효과가 강력하다. 자전거 타기나 운전과 같은 행동은 몸으로 학습하기 때문에 오랜 기간 그 행위를 하지 않더라도 금방 불러오기가 가능하다.

어렸을 적 처음으로 산 자전거에는 보조 바퀴가 달려 있었다. 뒷바퀴에 두 개의 보조 바퀴를 장착함으로 균형을 잡아 자전거를 처음 타는 사람도 쉽게 탈 수 있었다. 그렇게 자전거를 타다가 문득 보조 바퀴 없이 자전거를 탈 수 있을까 하는 생각에 어머니께 말씀드렸다. 어머니는 보조 바퀴를 떼고 타보되 처음은 넘어지지 않도록 뒤에서 잡아주신다고 하셨다. 보조 바퀴를 떼었지만, 뒤에서 잡아주니 타는 데는 별 어려움이 없었다. 뒤에서 잡아주고 있다는 생각에 마음 놓고 평소 타는 데로 탈 수 있었다. 그렇게 십여 분을 탔을까 뒤를 돌아보니 어머님은 뒤에 계셨던 게 아니라 저만치 먼 곳에서 바라보고 계셨다. 시작만 함께 했을 뿐 그 뒤로는 쭉 혼자 달리고 있었다. 뒤에 잡아주는 사람이 없다고 생각하니 갑자기 내 몸은 넘어질 수도 있다는 생각에 얼어버렸고 그 생각 그대로 바닥에 넘어지고 말았다. 그 뒤로도 보조 바퀴를 떼고 혼자 탈 수 있기까지는 적지 않은 훈련과 시간이 걸렸다. 보조 바퀴를 떼고 스스로 혼자 탔던 10여 분은 어떻게 설명해야 할까? 이때의 경험과 기억은 30년이 지난 지금까지도 뇌리에 생생하게 남아있다.

보조 바퀴는 우리 삶으로 치면 안전장치와 같은 것이다. 처음엔 누구나 안전장치와 함께 시작하지만, 어느 순간이 되면 보조 바퀴를 떼야 하는 순간이 온다. 보조 바퀴에 의지하지 않고 온전히 스스로 균형을 잡으며 탈 수 있기까지는 연습과 인내가 필요하다. 운 좋게 보조 바퀴를 조금 늦게 떼는 사람도 있고 상황에 따라서는 뒤에서 계속 잡아주는 사람이 있는 경우도 있다. 그러나 이왕 없애야 할 것이라면 자신의 의지로 빨리 없애는 편을 추천한다.

아픈 것은 노년이다. 청춘은 가장 아름답고 빛나야 하는 순간이다. 물론 사회적인 여러 제약과 처해있는 경제 상황들로 인해 마냥 빛날 수만은 없다는 것도 사실이다. 하지만 꼭 누가 봐줘야만 빛나는 것이 아니라 스스로 빛나는 삶을 살면 되는 것이다.

밥벌이가 걱정되어서 하고 싶은 일을 못 하고 산다는 이야기를 비롯한 여러 가지 두려움에 쌓인 청춘들의 이야기가 많이 들려온다. 재미있는 것은 주변에서 밥을 못 먹어서 굶어 죽었다는 이야기는 아직 한 번도 들어본 적이 없다. 무엇을 하든 간에 굶어 죽지는 않는다는 말이다. 그런데도 밥벌이를 걱정함은 어떤 연유에서일까? 모르긴 해도 남들 하는 것은 다하고 살고 싶은 마음에서부터 시작인 듯하다.

다른 건 몰라도 이거 하나만은 장담할 수 있다. 어떤 자리에서 무엇을 하든지 간에 절대 굶어 죽지 않는다. 두려움 없고 지지 않는 청춘의 힘을 보여줄 때다.

두 가지 질문을 하고 싶다. 당신이 생각하는 청춘이란 무엇인가? 또한 당신에게 있어 그 청춘은 언제였는가?

사회에서 만나는 사람들이 주로 하는 질문 중에 직업이 무엇인지, 어떤 일을 하는지에 관해서 자주 묻곤 한다. 예전에는 여행업을 한다든지, IT 관계 일을 한다는 등의 일에 관한 것으로 대답했는데 요즘은 언제나 단 한마디로 대답한다. 저는 경험 디자이너입니다. 처음 들어본 사람도 있을 것이고 생소한 직업이라고 생각하는 사람이 많을 것이다. 당연하다. 국내 1호이자 내가 직접 만든 직업이기 때문이다.

부연해서 설명하자면 경험 디자이너란 자신의 경험과 행동들로 인해 다른 사람의 가슴에 불씨를 일으키는 사람이라고 할 수 있겠다. 앞장에서부터 지금까지 줄곧 말하고 있지만, 경험은 어떤 것이 되었든 간에 소중하고 가치 있다. 하물며 청춘의 경험이야 오죽하겠는가?

청춘이야말로 많은 경험을 하면서 채워나가야 한다. 도전하지 않는 청춘, 경험하지 않는 청춘은 진정한 청춘이라 할 수 없다. 청춘의 경험이야말로 인생을 살아가는 데 있어 훌륭한 주춧돌이 될 것이다.

이제 부디 청춘에 대한 고정관념이 있다면 지금 이 자리에서 그것을 깨길 바란다. 힘겨운 것이 청춘도 아니고 아픈 것이 청춘은 더더욱 아니다. 아프면 성숙해지는 것이 아니라 약해지고, 지금이 불행하면 미래는 행복한 것이 아니라 더욱 불행하다.

현재가 행복해야 미래도 행복한 법이고 지금이 즐겁고 건강해야 좋은 아웃풋이 나오는 것이다. 청춘의 시절엔 물질적 비만에서 벗어나 헝그리 정신을 가지고 사는 것도 괜찮다. 왜냐고? 무엇을 해도 빛나는 청춘이니까……. 거듭 강조하지만, 청춘은 생물학적 나이와 전혀 무관하다. 마음먹기에 따라 영원한 청춘으로 사는 것도 가능하다.

요즘 매스컴이나 SNS에서 유독 청년, 청춘이라는 단어들이 많이 회자된다. 그만큼 우리 사회도 역동적이고 도전적인 청춘의 사회를 갈망하고 있다는 방증이다.

청년이라는 말이 나온 김에 한마디만 하고 가자면 요즘 우리 사회가 청년들에게 실패를 두려워하지 말라고 주문한다. 실패는 조금 두려워해도 된다. 인간인 이상 실패가 두려운 것은 당연하다. 다만 실패하는 것이 두려워서 경험하는 것 자체를 피해서는 안 된다.

이 글을 읽고 있는 많은 청춘에게 고한다. 청춘의 특권이 무엇이겠는가? 한번 태어난 세상, 마음 가는 대로 경험하며 도전하면서 살아가자. 그리고 부디 세상에 지지 않는 청춘이 되기를……. 나 또한 이 자리를 빌려 다시 한번 다짐해본다. 청춘이라는 이름에 부끄럽지 않도록……. 언제나 도전하는 청춘으로 살아가겠다고…….

제2장
청춘의 특권

부딪치고 깨지기

어렸을 적 나에게 붙여진 별명이 호기심 천국이다. 워낙 호기심이 많아 이것 저것 다 물어보고 직접 해봐야 직성이 풀리는 성격 때문이다. 조금 성장해서는 탁구공이라는 별명이 붙여졌는데 탁구공처럼 어디로 튈지 모르기 때문에 그 렇게 불렸다. 이런 성격 때문에 피곤한 일도 많이 겪었다. 굳이 하지 않아도 될 일을 왕성한 호기심 때문에 하는 바람에 수습해야 할 결과들이 제법 생겨났기 때문이다. 그런 피곤을 겪으면서 성장했음에도 불구하고 이런 성향은 성인이 된 지금도 좀처럼 변하지 않는다.

똥인지 된장인지 꼭 찍어봐야 아느냐고 하는데 실제 찍어보지 않으면 모르 는 경우도 종종 있었다. 물론 찍었는데 된장이 아닌 경우 때문에 혼난 적도 제 법 있다. 대학 입학 후 한 학기만 마치고 바로 군대에 갔다. 군대를 제대하고 나 서 운전면허를 취득했다. 운전면허를 따고 나니 운전을 하고 싶었지만 차가 없 었다. 궁리한 끝에 운전하는 업무의 회사에 취업하기로 했다.

이벤트 대행 업무를 하는 회사였는데 주 업무는 LG전자 매장의 프로모션을 담당하는 것이었다. 회사 면접 시 운전은 어느 정도 하느냐는 질문에 남들 하는 만큼 한다고 답했다. 사실 면허를 딴 뒤 차를 운전해본 경험이 전혀 없었다. 회사에서는 수동 스틱으로 된 봉고차를 지급했다. 지방 출장이 많기 때문에 출퇴근을 아예 회사 차로 하라는 배려였다. 발등에 불이 떨어졌다. 운전병으로 군대를 제대한 친구를 불러 받은 봉고차로 연수를 받기로 했다. 면허 연습 시 도로주행을 제외하면 처음으로 하는 정식 도로 주행이었다. 지방 출장이 많다는 말에 바로 고속도로부터 도로주행을 감행했다.

고속도로에 들어서자 친구의 입에서 생명의 위협을 느낀다며 제발 주행선을 지키고 가라며 주문했다. 운전에 집중한다고 몰랐는데 일 차선에서 위쪽 벽면에 부딪힐까 봐 오른쪽 차선을 침범해 두 차선을 물고 운전 중이었다. 가을인데도 온몸에는 식은땀이 흥건히 흘렀다. 친구의 목숨을 담보로 한 고속도로 운전 연습은 다행히 사고 없이 마칠 수 있었다. 문제는 시내 주행이었다. 차가 많은 시내가 훨씬 어려웠으며 특히 좁은 차선의 골목길 같은 경우는 영혼을 혼비백산하게 했다. 짧고 굵은 연수를 마친 후 바로 실전에 투입되었지만, 신이 도왔는지 작은 교통사고도 나지 않았다.

운전을 해보고 싶어서 들어간 직장 생활의 어려움은 미숙한 운전이 아니라 미숙한 사회생활에 있었다. 업무적인 부분이야 시간이 지나면서 숙달됨에 따라 해결되었지만, 인간 관계적인 부분은 시간이 지날수록 점점 더 꼬여가기 시작했다. 특히 바로 위의 상사는 나를 괴롭히기 위해 회사에 다니는 사람처럼 느껴졌다. 중요하지도 않은 일로 사사건건 트집을 잡았고 자신의 지위를 남용해서 최대한 불이익을 주려 했다. 그러다 보니 느는 것은 스트레스와 회사를 그만두고 싶은 마음뿐이었다. 신입사원이라면 누구나 겪는 당연한 통과의례라고 생각하고 싶었지만, 현실은 그리 녹록하지 않았다. 상사의 공격은 날이 갈수록 더욱 집요해졌고 급기야 한계에 달한 어느 날 일이 벌어졌다. 쥐도 궁지로 몰리면 고양이를 문다고 하지 않았던가. 다른 동료가 다 있는 자리에서 상사는 여느 날과 마찬가지로 아무 잘못도 하지 않은 내게 트집을 잡으며 화를 내기 시작했다. 평소 같으면 그냥 듣고 있었을 텐데 그날은 내 안의 또 다른 내가 나와버렸다.

그냥 말로 하면 되지 왜 화를 내느냐고 욱하며 받아쳤다. 상사는 내색하지는 않았지만 당황한 기색이 역력했다. 조용히 회사 복도로 불러서 나갔더니 사람들 다 있는 앞에서 그런 식으로 나오면 어쩌냐면서 웃는 것이 아닌가. 나야말로 웃어야 할지 울어야 할지 모르는 상황이었다. 그 뒤로도 상사와는 수시로 부딪혔다. 물론 부딪힐 때마다 깨지는 쪽은 직급이 낮은 내 쪽이었다. 많이 깨지고 넘어지면서 그걸 딛고 일어날 때마다 내 안에는 새로운 내성이 생겨나기 시작했다. 직장 내에서 사람에게 치이는 것이 무섭고 두려웠는데 부딪히고 깨지다 보니 강해지는 것이 있었다.

어느 정도 내공이 생기고 난 뒤로는 상처를 받아도 그걸 극복해낼 요령이 생겼다. 또한, 항상 강 대 강으로만 대처하던 처세에도 변화가 생겼다. 강한 상대에게도 유연함을 발휘할 수 있는 여유를 부렸다. 여기까지 들으면 행복한 직장생활로 변한 듯하지만 다들 아시다시피 행복한 직장생활은 꿈속에서나 가능한 일이다.

우리는 인생이라는 마라톤에서 부딪히고 깨지고 배우면서 기점들을 넘는다. 달리다 보면 장애물에 걸려 넘어지기도 하고 에너지를 다 소모해 탈진한 채로 쓰러지기도 한다. 그러다가 또 언제 그랬냐는 듯 훌훌 털고 일어나서 번개와 같은 속도로 질주한다. 이 전체 과정을 선으로 죽 이어보면 그것은 하나의 삶이 된다. 부딪히고 깨지는 것은 그다지 유쾌한 경험이 아니다. 오히려 두렵고 피하고 싶은 경험에 가깝다.

그런데도 이 경험을 즐길 수 있는 자는 청춘이라 말하고 싶다. 다시 말해 부딪히고 깨지는 경험은 오로지 청춘의 특권이다. 충분히 할 수 있는 일임에도 스스로 할 수 없다고 단정 짓고 포기해버리면 절대로 할 수 없다.

반면 불가능하다고 생각되는 일도 의지를 가지고 적극적으로 임하면 의외로 쉽게 풀리기도 한다. 결국 어떠한 상황에서든 본인이 부딪히고 깨질 용기가 있느냐에 따라서 승패가 갈린다는 말이다. 보통의 경우 몹시 어려운 문제에 직면해서 그것을 해결해 나가는 과정에서 훈련이 되고 노하우가 쌓이는 경우가 많다. 그렇다고 큰일을 겪지 못하면 경험을 쌓지 못하는 건 아니다.

일상적인 생활 속에서도 얼마든지 마음먹기에 따라 특별한 경험으로 작용할 수 있다. 예를 들어 우리는 매일 직장에서 일하면서 살아가고 있다. 일하는 과정에서 사소한 일에도 의미를 부여하면 그것이 색다른 경험을 선사해준다.

'이 일은 이렇게 해서 성공적이야.' '저 일은 저렇게 했기 때문에 실패했어.' 하는 식의 자기 나름대로 반성과 체험을 하면 그것은 온전히 본인의 경험으로 남게 된다. 이런 본인만의 작은 성공의 경험이 모여 큰 성공의 기회를 가져올 것이고, 작은 실패 경험의 노하우가 모이면 큰 실패를 미리 방지할 수 있을 것이다.

요즘은 우리가 사는 시대는 여러 가지로 매우 어려운 시기다. 하지만 반대로 평온한 시기에는 절대 하지 못할 경험을 할 수 있는 절호의 기회이기도 하다. 이런 절호의 기회를 그냥 흘러보내서야 되겠는가? 왕창 깨지고 부딪힐 마음의 준비가 되었으면 서두르자. 오직 부딪히고 깨지는 경험 속에서 완성으로 가는 지름길을 발견할 수 있을 것이다. 오직 부딪히고 깨지는 경험 속에서 완성으로 가는 지름길을 발견할 수 있을 것이다. 그리고 어떠한 경험 앞에서도 이것만은 꼭 기억하자. 우린 아직 미완성이라는 것을……

무모한 도전

지금까지 살아오면서 삶에 대한 의욕과 자신감이 가장 넘쳤던 시절은 군대를 제대하고 나서부터 한 달여의 시간이다. 이때는 정말 세상 모든 것을 다 가진 것 같았고 무슨 일이든지 다 할 수 있을 것 같은 자신감으로 충만한 시절이었다. 그러던 것이 점점 시간이 지남에 따라 원래의 모습과 마음으로 돌아갔다.

자신감과 의욕이 남아있을 때 무엇인가에 도전하지 않으면 안 될 것 같아서 친구들과 함께 무전여행을 떠나보기로 했다. 장소는 태어나서 한 번도 가보지 못한 제주도로 정했고 일정은 4박 5일, 총 경비는 개인당 8만 원씩으로 3명이 떠나는 여행이었다. 무전여행인데 8만 원을 측정한 것은 제주도로 가는 왕복 배편이 8만 원 정도 들었기 때문이다. 군대를 갓 제대한 패기 넘치는 20대 초반의 남자 3명의 무전여행은 그렇게 시작되었다.

계절은 여름이었기에 최소한의 옷가지를 챙겨서 짐을 쌌다. 젊은이들의 무전여행 취지를 살리기 위해 조그마한 태극기도 하나씩 준비했다. 이 장치는 여행에서 우리를 도와주는 훌륭한 조력자 역할을 했다. 투지와 의지로 충만한 우리는 제주도로 가는 배를 타기 위해 부산항으로 갔다.

부산항에 도착해보니 제일 먼저 눈에 들어온 것은 선착장에서 짐을 나르고 선원들의 모습이었다. 평상시 같으면 그냥 지나쳤을 광경인데 우리는 무전여행 중이 아니었던가. 머릿속에 순간 아이디어가 번뜩였다. 다행히 선원들에게 접근할 수 있는 뒷문은 개방되어 있었다. 선원들에게 가서 무전여행의 취지를 설명하며 복도에 서서 가도 좋으니 공짜로 태워달라고 부탁했다. 선원들은 잠시 생각하더니 공짜는 어렵고 정상 편도 가격인 4만 원의 절반 가격인 2만 원에 태워주겠다고 했다. 1초의 망설임도 없이 제안을 받아들었다. 그렇게 해서 2만 원에 승선하게 되었는데 막상 12시간을 복도에서 가려니 조금 걱정도 되었다. 결국 걱정은 현실로 일어났다. 멀미약을 붙이고 왔지만, 복도에서 12시간의 항해는 뱃멀미라는 선물을 선사했다. 다행히 복도에 소파 형태의 의자가 있어서 앉아서 갈 수는 있었지만 뱃멀미는 앞에서는 어찌할 수가 없었다. 고문과 같은 12시간의 항해 끝에 도착한 제주도는 쨍쨍하다 못해 따가운 햇볕으로 우리를 맞아주었다. 그래도 2만 원에 제주도까지 올 수 있었다는 점에 시작이 좋다고 생각하며 서로를 칭찬했다.

제주도에서의 이동은 주로 히치하이크를 이용했다. 지금은 렌트비도 저렴하고 범죄의 노출 가능성도 있고 해서 히치하이크를 잘 안 하는 추세이지만 십여 년 전에는 히치하이크가 가능했다. 게다가 제일 중요한 점은 우리는 무전여행자들이지 않는가. 제주도 안에서 특별히 목적지를 정하지는 않았다. 히치하이크를 하여 탑승한 차의 목적지가 곧 우리의 목적지였다. 주로 우리를 태워줬던 차는 제주 현지인들의 트럭이나 관광을 온 관광객의 렌터카였다. 그래도 낮에는 히치하이크가 잘 되었는데 밤에는 잘 안 되었다. 그도 그럴 것이 젊은 남자 3명이었기에 어두운 밤에는 조금 부담스러웠을 것이다. 4박 5일간 히치하이크를 하다 보니 노하우가 생겼다. 그냥 손을 흔들면 차를 세우지 않고 가는 경우가 많았는데 소품을 만들어서 춤을 추면서 태워달라는 몸짓을 취하니 태워주는 확률이 올라갔다. 일단 우리의 행위를 보기 위해 차들이 속도를 줄이며 서행하기 시작했고 탑승으로까지 이어졌다. 이동은 주로 이런 방법으로 취해서 교통비는 거의 들지 않았다. 문제는 먹는 것과 자는 것이었다.

먹는 것에 관한 부분은 식당에 들어가서 취지를 설명하고 공짜로 달라고는 할 수 없으니 2명 가격에 3명 몫을 달라고 제안을 했다. 요즘 같은 세상이면 신고 감이나 제주도의 인심은 좋았다. 대부분의 식당에서 2명 가격으로 3명 식사를 해결했다. 그렇다고 매번 식당을 이용한 건 아니고 어쩌다 한번 사치를 부릴 때만 식당을 이용했고 주식은 빵과 라면이었다. 빵과 라면을 먹다가 쓰러질 만하면 식당을 찾아서 먹는 식이었다.

첫날밤 숙소는 ○○호텔 테라스를 이용했다. 여름의 제주도는 바람을 동반한 소나기가 자주 내렸다. 노숙은 할 수 없었기에 지붕이 있는 곳을 찾다가 우연히 구경하러 간 ○○호텔의 테라스에 둥지를 틀었다. 테라스는 베란다 형식으로 지붕이 있어서 비를 피하기에는 안성맞춤이었다. 예상대로 새벽에 천둥, 번개를 동반한 많은 비가 내렸다. 온도도 제법 내려가 추웠지만 가져간 바람막이 외투로 이불을 대신했다. 제주에 도착한 첫날이기도 하고 많이 걸었던 터인지라 비록 노숙임에도 단잠을 잘 수 있었다.

우리의 단잠을 깨운 건 비도 바람도 아닌 ○○호텔의 지배인이었다. 저녁 늦게 잠입한지라 발견 못 한 우리를 아침이 밝아오자 순찰을 하던 지배인의 눈에 발각된 것이었다. 크게 꾸짖지는 않았지만, 곧 영업을 위한 시간이니 서둘러서 나갈 것을 주문했다. 눈뜨자마자 거의 쫓겨나듯 우리는 호텔을 빠져나왔다. 호텔에서 1박도 했겠다 본격적인 제주 여행을 위해 또다시 히치하이크 길에 올랐다.

지금에 와서 생각해보니 우리가 무전여행을 무사히 마칠 수 있었던 건 패기가 좋았다기보다 여러모로 우리를 도와주셨던 고마운 분들이 많았었기에 가능한 일이었다.

두 번째 날의 숙소는 나이가 지긋하신 할머니가 운영하고 있던 민박집이었다. 어김없이 우리의 취지를 설명했고 내용을 들으신 할머니가 하룻밤에 만원이라는 비용으로 숙박을 제공해주셨다. 너무나 감사했지만, 이불과 베개와 같은 침구류는 제공되지 않았다. 그래도 만원에 방 안에서 잘 수 있다는 점에 감사하며 고단한 몸과 마음을 재충전했다.

우리가 주로 여행한 곳은 관광지가 많았다. 원해서 갔다기보다는 히치하이크로 탔던 차의 목적지가 그곳이었기 때문이었다. 천지연 폭포를 비롯해 당시 이온 음료 CF 장소로 유명했던 미로 공원 등 이었는데 대부분의 관광지가 그렇듯이 입장료를 받는 곳이 많았다. 무전여행의 취지를 살리는 것도 있었겠지만, 실제 우리에겐 입장권을 살 돈이 없었다. 그래서 택한 방법이 단체 여행객들이 버스에서 내리면 일행인 척 같이 들어가거나 입구를 통해서만 들어갈 수 있는 곳이 아닌 경우는 입구가 아닌 곳으로 들어가기도 했다.

나머지 날들의 숙소는 종교시설을 이용했다. 성당과 교회를 찾아가서 신부님과 목사님께 부탁드렸다. 그분들은 흔쾌히 우리를 맞이해주셨고 안락하고도 편한 잠자리를 받을 수 있었다. 무전여행 중 가장 큰 문제는 복귀하는 날 일어났다. 제주도에 왔을 때와 마찬가지로 돌아갈 때도 선원들을 매수해 같은 방법으로 돌아가려고 두당 2만 원을 제외하고는 전부 다 써버린 상태였다.

제주도 선착장에 도착해서 선원들이 짐을 싣는 곳을 찾았으나 뒷문은 철문의 자물쇠로 굳게 잠겨있었고 심지어 그 앞에는 제복 입은 두 명의 경비까지 있었다. 눈앞이 깜깜했다. 제주도가 부산과 같을 것이라는 안일한 생각을 했다. 뒷문으로 들어가지를 못하니 다른 방도가 없었다. 그냥 매표소로 찾아가 정면돌파를 하는 방법밖에는……. 매표소로 가서 직원에게 우리의 사정과 취지를 설명했지만 통하지 않았다. 육지도 아닌 섬에서 고립되는 기분이었다. 절망과 두려움에 떨면서 매표소의 책임자였던 차장에게 찾아가서 매달렸다. 하늘은 스스로 돕는 자를 돕는다고 했던가. 차장은 우리의 절박하고도 끈질긴 사정에 2만 원으로 부산으로 보내줄 수는 없지만, 전라도 목포항으로 보내줄 수는 있다는 대안을 주었고 우린 선택의 여지가 없었다. 일단 섬만 나갈 수 있다면 육지에서는 돈 없이도 어떻게든 집으로 돌아갈 수 있다고 생각했다. 그렇게 우리는 목포항으로 보내졌고 목포에 도착한 다음 시외버스 터미널을 찾아갔다. 시외 버스터미널에 가서 자초지종을 설명하고 도움을 요청했지만 돌아온 회답은 예상 밖이었다. 그곳의 담당자가 말하길 하루에도 우리 같은 사람들이 수십은 찾아온다며 자기들은 자선사업가가 아니고 했다. 덧붙여서 집에 연락을 취해 폰뱅킹을 하라는 것이었다.

순간 당황했지만 그렇다고 순순히 물러설 우리가 아니었다. 가방에 남아 있던 동전까지 전부 탈탈 털어내는 과도한 행동을 하면서 가진 거 전부 줄 테니 우리의 취지를 살려달라고 매달렸다. 1시간가량의 실랑이 끝에 남아 있던 동전까지 지급하고 초등학생 요금으로 부산에 올 수 있었다. 그런데 이번엔 부산의 시외버스 터미널에 도착하니 동전까지 전부 다 사용한 상태라 집까지 갈 수 있는 차비가 없었다. 버스 터미널 앞에서 지나가는 사람들에게 차비를 빌려서 간신히 집에 복귀할 수 있었다.

우여곡절도 많고 고생스러운 여행이었지만 누군가 지금껏 해본 여행 중 생애 최고의 여행을 꼽으라 하면 주저 없이 이때의 무전여행을 말한다. 패키지여행을 비롯해 자유여행 등 편하고 즐거웠던 여행도 많았다. 그런 여행들은 당시의 사진을 보면 어느 정도 기억이 나지만 평상시에는 여행을 다녀온 것조차도 기억이 잘 나지 않는다. 하지만 말도 많고 탈도 많았던 이 무전여행은 사진 한 장 없이도 십여 년이 지난 지금까지도 뇌리에 선명히 자리 잡고 있다. 단순히 힘들었거나 고생을 많이 했기 때문만은 아닐 것이다.

지금도 삶에 어려움과 힘듦이 찾아오면 그때의 여행을 가장 먼저 떠올린다. 지금 생각해보면 그것은 세상을 잘 모르고 용기 하나만 가지고 시작한 청춘의 무모한 도전이었다. 무모한 그 도전은 세 명의 젊은이들에게 평생 잊지 못할 추억을 남겨 주었을 뿐만 아니라 본인들의 의지로 이룬 작은 성공 경험까지도 선사했다. 시간이 흘러 나를 제외한 나머지 두 명의 젊은이들은 이제 한 가정의 어엿한 가장이 되었지만, 지금도 우리는 그때를 추억하며 무모한 도전을 꿈꾼다.

살아가면서 한 번쯤은 무모한 도전을 해 볼 필요가 있다. 아니 반드시 해봐야 한다고 생각한다. 그 무모한 도전으로 인해 삶의 방향이 바뀔지도 모르기 때문이다. 삶의 방향이 바뀌지 않아도 좋다. 그 무모했던 도전과 경험들은 삶의 자양분으로 사용될 테니 말이다.

무식하니까 청춘이다

때는 바야흐로 20대의 끝자락. 외국인을 상대로 하는 일을 하고 싶어서 여러 가지를 알아보던 중 의료관광이라는 분야를 접하게 되었다. 외국인들이 한국에 의료의 목적으로 여행을 와서 수술이나 시술을 받고 남은 시간 동안은 여행을 즐기는 형태의 내용이었다. 당시 정부에서 17대 신성장 동력 중 하나로 의료관광을 지정하면서 붐이 일어나기 시작한 시기였다. 여행도 좋아하고 외국인을 상대로 하는 일이라 하니 주저하지 않고 진로를 정했다. 여러 가지 경로를 통해서 알아보던 중 의료관광 코디네이터를 전문적으로 양성하면서 취업까지 연계해준다는 교육기관을 알게 되었다. 직접 찾아가서 상담을 받아보니 수업료가 제법 비쌌다. 교육적인 부분만 생각했다면 등록을 하지 않았을 것이나 취업까지 연계해준다는 말에 혹해서 고민 끝에 등록했다. 병원 코디네이터 과정과 의료관광 전문가 과정 두 개를 등록하니 200만 원이 훌쩍 넘었다. 그렇게 6개월에 걸쳐서 교육을 받았고 시간은 흘러 과정을 수료하게 되었다. 수료

후 당연히 교육 기관에서 취업까지 연계해주리라는 것을 믿고 있었으나 현실은 달랐다.

교육 기관에서 수료생들에게 소개해주는 곳은 의료관광 관련 회사가 아니라 한의원과 병원 등의 일반 코디네이터 자리였다. 뒤늦게 후회해도 소용없었다. 나와 같이 수업을 들었던 동기들이 17명가량 되었는데 다들 오갈 데 없는 신세가 되어버린 것이다.

비싼 수업료도 아까웠지만 갈 데가 없다는 것이 더 절망적이었다. 현실의 우리에겐 사설 교육기관의 교육 수료증 한 장만이 전부였다. 그대로 가만히 있을 수는 없었기에 수료생들에게 우리 스스로 살길을 모색하자고 제안했다. 수료생들의 성비는 거의 여성들이 많았고 연령대는 30대에서 40대가 주축을 이뤘다. 거의 막내급인 내가 주동하고 나서자 다른 분들도 힘을 실어 주었다. 그렇게 해서 교육 기관의 수료생들과 함께 자체적으로 정보 교류 및 스터디 모임을 시작했다. 관련 회사를 찾는 작업도 지속해서 이어나갔다. 내막을 알아보니 의료관광이라는 것이 이제 막 태동하는 무렵이라 설립된 회사가 거의 없는 상황이었다. 기껏해야 서울에서 1~2개 정도 막 만들어지고 있었다. 그런 상황을 뻔히 알면서도 교육 기관은 우리들을 상대로 취업 연계를 시켜준다는 말로 등록을 시킨 것이었다. 눈 뜨고 있는데 코 베어 가는 세상이라고 했는데 순전히 남의 말을 믿은 내 탓이지 누굴 탓하겠는가.

가지고 있는 돈을 거의 다 투자해서 들은 수업이라 상황이 너무 막막했다. 지푸라기라도 잡는다는 심정으로 미친 듯이 인터넷을 뒤지다가 우연히 온라인 의료관광 전문카페를 발견했다. 서울의 운영자가 운영하는 카페로 회원 수가 2천여 명 가까이 되는 큰 카페였다. 게다가 구성된 회원들도 통역사를 비롯해 현직 병원근무자, 여행사 직원 등 다양한 사람들로 구성되어 있었다. 서울을 위주로 돌아가고 있었으며 다른 지역은 활성화돼 있지 않았었는데 거기서 기회를 발견했다. 막무가내로 서울 운영자에게 연락하여 신원을 밝히고 부산 지역을 맡아서 운영해볼 테니 부산 운영자 권한을 달라고 요청했다. 운영자는 40대로 서울에서 렌터카 사업을 하고 있었다. 그는 흔쾌히 내 제안에 응했다. 의지가 강한 것 같고 적극적인 것이 마음에 든다며 자신이 후원해줄 테니 부산 지역을 맡아서 잘 운영해 보라고 했다. 따지고 보면 온라인 카페의 지역 운영자 자리를 하나 맡았을 뿐인데 왠지 큰일을 해낸 것 같았고 이것으로 인해 앞으로 일이 잘 풀릴 것 같다는 근거 없는 예감도 들었다.

부산 운영자로 활동하면서 카페를 통해 부산 지역 오프라인 모임을 주최했다. 생각보다 많은 인원이 모임에 나왔으며, 반응도 좋았다. 모임은 자체 스터디와 네트워킹 위주로 진행했고 장소는 모임 공간을 대여해주는 곳에서 하다가 한 회원이 다니는 교회의 공부방을 지원받아 그곳에서 이어나갔다.

매주 1번씩 정기적으로 한 달에 4번을 일 년 정도 진행했었다. 한번 모일 때마다 십여 명에 가까운 인원이 모였고 서울과 마찬가지로 다양한 직업군이 모였고 연령층 또한 30대부터 60대까지 다양했는데 리더인 내가 제일 어렸다. 비록 스터디 형식의 작은 소모임이었지만 나이가 많고 다양한 직업군의 사람들을 이끌어보는 좋은 경험이 되었다.

그렇게 이어진 모임은 일 년 정도가 되었을 무렵 한계에 봉착했다. 공부할 새로운 콘텐츠도 서서히 고갈되었고 가장 중요한 수익적인 부분과 연결이 되지 않았기 때문이다. 수익을 위해 모인 모임은 아니었지만 자연스럽게 분위기가 형성되었다. 나 또한 그렇게 계속 공부만 하고 있을 수는 없는 상황이었다.

무식하면 용감하다고 했던가. 해서는 안 될 발언을 해버렸다. 이왕 이렇게 된 거 우리끼리 회사를 한번 만들어보면 어떻겠냐고 제안을 해버렸다.

10명 가운데 반 정도가 찬성의 의견을 냈고 나머지는 반대 의사를 표했다. 한번 뱉은 말이니 못 먹어도 고라는 심정으로 회사 설립 준비해 들어갔다. 나이는 가장 어렸지만 모임을 일 년 동안 이끈 리더이고 발언의 제안자이니 대표 자리를 맡으라고 모두가 권했다. 얼떨결에 난 대표를 맡았으며 동의한 나머지 구성원들도 직함을 하나씩 나눠 가졌다. 전혀 의도치 않았으나 이것이 첫 창업의 시작이었다.

회사 생활은 해봤지만, 사업은 한 번도 경험이 없었기에 어디서부터 어떻게 시작해야 하는지를 잘 몰랐다. 우선 기본적으로 사무실을 구하고 명함을 만드는 작업부터 하기로 했다.

적은 자본금으로 모든 것을 해결해야 했는데 사무실을 구하는 것이 가장 큰 애로였다. 구하면 찾는다고 했던가. 발품을 열심히 팔던 중 공동사무실 개념의 공간을 찾았다. 말하자면 전전세의 개념이다. 사무실을 구한 세입자가 혼자 쓰기에는 장소도 넓고 월세도 부담이기에 같이 쓸 세입자를 구하는 방식이다. 보증금도 필요 없이 월세만 같이 나누어서 내면 되기에 우리에게 딱 맞는 조건이었다. 우리가 구한 사무실의 세입자는 무역업을 하시는 분으로 직원 없이 혼자서 한 달의 반 이상 해외 출장을 다니는 분이었다. 사무실을 비우는 경우가 많았기에 마치 우리만의 사무실인 듯 편하게 쓸 수 있었다.

처음으로 대표라는 직위가 찍혀있는 명함을 만들고 나니 그 무게감보다는 들뜬 기분을 종잡기 어려웠다. 사무실을 구하고 명함 하나 판 게 전부였는데 세상을 다 가질 수 있을 것 같은 자신감이 밀려왔다. 아마 생애 첫 경험이었기에 그러했으리라.

본격적인 사업 활동에 들어가서 활동해보니 매일 삽질의 연속이었다. 직장에서 근무할 때는 한 달이 지나면 꼬박꼬박 나오는 것이 월급이었는데 사업은 몇 달이 지나도 돈이 나오지 않았다. 오히려 돈이 들어가는 이상한 구조였다.

사업의 사도 모르는 초보였으니 당연한 결과였지만 처음 시작할 때의 자신감은 어느새 자괴감으로 변해있었다. 사업자 등록을 하고 활동을 개시한 지 6개월이 지났을 무렵이다. 그때까지도 우린 단돈 만 원의 수익도 내지 못한 상태였다. 팀은 내부적으로 동요하기 시작했고 급기야 팀원 중 한 명이 잠적하고 연락이 안 되는 상황이 발생했다. 당시 의료관광 상품을 구성하기 위해 요트 소유주와 만나서 의견을 주고받던 과정이었는데 담당자인 팀원이 프로젝트 도중에 잠적하여버린 것이다.

사업은 신용이 생명이라고 했는데 부득이하게 그 요트 소유주에게 큰 실례를 범했다. 그 프로젝트는 시작도 못 하고 엎어졌고 그 뒤로 한 달 가까이 팀원과 연락은 되지 않았다. 어린 나이였고 정도에서 벗어난 것은 절대 참지 못하는 성격에 잠이 오지 않을 정도로 화가 났다. 그 팀원의 집이라도 알아내 찾아가서 혼내주고 싶은 마음이었다. 동업이 어렵다고는 했지만 이건 좀 아니다 싶었다.

첫 번째 팀원은 어이없게도 그렇게 떠났다. 훗날 연락이 와서 자신이 그때는 너무 아프고 힘들어서 그랬다며 용서 아닌 용서를 구했지만 쉽게 이해가 되지는 않았다. 그런 일이 있는 후 내부적인 사람들과의 관계에 더욱 신경을 쓰기 시작했다. 같은 일이 되풀이되는 것이 싫었기 때문이다. 당분간 내부적으로 이렇다 할 큰 문제는 일어나지 않았지만 역시나 수익성 부분이 가장 큰 문제였다. 직장 생활을 할 때는 몰랐지만 나와서 돈을 번다는 것이 이렇게 힘든 일인 줄 처음으로 깨달았다. 대한민국의 소상공인과 자영업을 하시는 분들에 대한 경외감까지 들 정도였다.

1년쯤 되었을 때는 회사를 접어야 하는지 계속 가야 하는 건지에 대한 고민이 찾아왔다. 지금이라도 빨리 손을 떼는 것이 현명한 선택인지 고작 1년 해보고 접자니 열심히 한 시간에 대한 본전 생각에 이러지도 저러지도 못하는 상황이었다.

사업의 시작은 약간의 무모함과 무식함만 있으면 할 수 있다. 조금 좋은 미화된 표현으로는 도전정신과 용기만 있으면 할 수 있다는 것이다. 다만 사업을 끝내는 것은 이것들만 가지고 할 수 있는 것이 아니다.

사업을 끝낼지 계속할지 진퇴양난에 빠져 있을 무렵 호사다마라고 했던가. 두 번째로 이탈하는 팀원이 나왔다. 이유인즉 경제적으로 힘들어서 더 함께할 수 없다는 것이었다. 나 자신도 흔들리고 있는 상황에서 미래에 대한 희망을 제시하며 잡을 수가 없었다. 자신의 길을 찾아가겠다는 팀원보다 아무 말도 할 수 없었던 내가 더 미안했다. 대표라는 직함의 무게가 몸으로 전달되는 순간이었다.

그 뒤로도 팀원이 떠나고 새로운 팀원이 들어오는 과정은 반복되었다. 다만 한 가지 달라진 점이 있다면 상황에 흔들리지 않는 나 자신이었다. 더는 사업을 접을지 계속할지에 대한 고민은 하지 않았고 현실에 직면한 문제를 피하지 않고 맞서면서 해결했다.

어떻게 나 자신에게 그런 변화가 일어났는지 궁금하지 않은가? 해답은 간단했다. 좀 더 무식해지면 되는 것이었다. 처음 시작할 때 아무것도 모르던 그 시절보다도 말이다. 경험이 쌓이고 노하우가 생기면서 신중함이라는 것도 따라온다. 문제는 이 신중함이라는 녀석이 한 번씩 심술을 부리는 날에는 우리 몸을 옴짝달싹도 못 하게 만드는 데 있다.

이럴 때 필요한 것이 바로 무식함인데 이것은 경험과 반비례한다. 경험이 쌓일수록 무식은 작아지며 유식이 커진다. 단어만 들었을 때는 좋은 현상이지만 실제 현장에서는 유식보다 무식이 유용하게 쓰일 때가 종종 있다. 무식하면 용감하다는 말도 있지 않은가. 바로 이 무식이 용기를 불러오기 때문이다.

내게 정작 필요한 것은 용기였다. 불확실한 미래와 미지의 길을 개척해 나가야 할 용기가 필요했다. 그 무식한 용기 덕분에 다행히 고민의 귀로에 설 때마다 포기하지 않을 수 있었고 7년째 계속 사업을 영위 중이다. 가끔 자신이 무식하다는 자괴감이 들 때면 그것에 감사하라. 그 무식함이 결정적인 순간에 당신을 살릴 것이다.

실패할 용기

우리는 항상 어떤 일을 계획할 때 실패할 가능성에 대해서 생각한다. 성공할 가능성보다 실패할 가능성을 먼저 생각하는 경우가 많다. 성공 후의 이익보다 실패 후의 손실이 더 두렵기 때문이다. 그래서 성공 가능성을 점치기보다는 실패하지 않을 가능성에 초점을 맞추어 계획을 세우는 것이다.

지금까지 살아오면서 행한 실패들을 떠올려보니 수도 헤아릴 수 없을 만큼 많았다. 실패로 점철된 삶이라고 해도 과언이 아닐 정도로 많은 실패를 하고 살아왔다. 생각나지 않는 작은 실패까지 치자면 실패의 아이콘이라도 해도 손색이 없을 것이다. 학업의 실패, 취업의 실패, 창업의 실패, 인간관계의 실패, 연애의 실패, 재테크의 실패 등 이렇게나 많은 실패를 했었나 할 정도로 처참했다.

첫 번째 학업의 실패부터 들여다보면, 어려서부터 난 공부와는 거리가 먼 아이였다. 초등학교 시절은 친구들과 어울려 축구, 딱지치기, 구슬치기 등을 하기 바빴고 중학교 시절에는 무협지와 만화책에 빠져 살아 공부는 늘 뒷전이었다. 본격적으로 공부와 친해지는 계기가 된 건 중학교 2학년 시절 집 근처에 남녀공학 고등학교가 생기기 시작할 무렵이었다. 그 무렵 교육제도의 개편도 있었는데 고등학교 진학 시험인 연합고사가 폐지되고 내신 성적으로만 고등학교에 가게 되는 제도로 바뀌었다. 또한, 새롭게 생긴 남녀공학 고등학교에 입학하기 위해서는 내신 성적이 전교 20% 안에 들어야지 가능했다. 중학교 2학년 때 그 사실을 알고 나서는 공부와 친해지는 방법 외에는 다른 방도가 없었다. 남자 중학교에 이어 고등학교까지 남고를 다니기가 너무나 싫었다. 무협지와 만화책을 떠나보내고 교과서와 참고서를 보기 시작했고 부모님께 공부가 하고 싶다고 졸라 수학 개인 과외를 받는 전무후무한 일을 하기도 했다. 다행히 기회가 남아있었던 점은 1학년 때의 성적이 20%, 2학년 때의 성적 30%, 3학년 때의 성적 50%가 합산되어 내신 성적으로 산출되기에 늦은 시기는 아니었다. 목표라는 것이 정말 대단한 것이라는 걸 깨닫는 순간이었다. 오로지 남녀공학 고등학교에 가겠다는 신념 하나로 공부에 매달린 결과 졸업 당시 전교 18%의 내신 성적으로 남녀공학 고등학교를 지원할 수 있었다.

1지망으로 원했던 고등학교에 입학했으나 그리 기쁘지가 않았다. 입학 전망해도 남녀 합반이었는데 갑자기 분반으로 바뀐 것이다. 단기 목표는 달성했으나 다음 목표를 세우지 못한 채 지루한 생활이 반복되었다. 중학교 때는 그나마 공부 잘하는 아이, 못하는 아이들이 섞여 있었지만 내신 20%의 안의 아이들이 모인 인문계에서는 위축될 수밖에 없었다. 급기야 목표가 없다 보니 다시 원래의 공부와 거리가 먼 아이로 돌아가고야 말았다. 내신 성적은 거의 최하 등급이었고 야간 자율 학습과 보충학습은 도망가거나 빼먹는 것이 일상이었다. 매번 도망가서 혼나는 것도 싫었고 그렇다고 야간 자율 학습을 밤늦게까지 하자니 그것도 못 할 짓이었다. 그래서 생각해낸 것이 정당하게 야간자율 학습을 빠질 방법을 고안했다. 바로 자격증 특별 수시 전형으로 자격증을 따기 위해 컴퓨터 학원에 다니는 것이다. 당시 대학에 가는 방법에는 수능 외에도 특별 수시전형이라고 몇 가지가 있었는데 그 중 자격증 특별전형은 컴퓨터 자격증 5개가 있으면 갈 수 있는 제도였다. 당장 부모님께 강력한 의지를 어필했고 어차피 공부로 대학을 가기는 글렀다는 걸 아셨는지 흔쾌히 승낙하셨다. 그 후로 당당하게 야간 자율 학습을 하지 않을 수 있었고 컴퓨터 학원에 가서 자격증 수업을 받았다. 대학을 갈 수 있는 유일한 방법이기 때문인지 컴퓨터가 적성에 맞아서 인지는 모르겠으나 제법 열심히 학원에 다녔고 단시간에 여러 개의 자격증을 딸 수 있었다. 현재 보유하고 있는 10개 이상의 자격증 중에서 절반 이상이 이 시기에 획득한 자격증이다. 공부를 안 해도 특별 전형으로 대학을 갈 수 있다는 장밋빛 꿈은 고등학교 3학년 특별 선형 수시모집 기간이 되어서야 산산이 조각나고 말았다. 자격증 5개 이상을 획득 후 기쁜 마음으로 모집공고를 확인했는데 일정 등급 이상 내신 성적이 나오지 않으면 지원조차 할 수 없다고 적혀있는 것이 아닌가. 하늘이 무너지는 것 같았다. 그간 해온 노력이 물거품이 된 것은 물론이고 가장 중요한 대학을 갈 방법이 없다는 생각에 다리에 힘이 풀렸다.

정확하게 알아보지 않은 내 잘못이 컸지만, 지원을 해서 떨어진 것도 아니고 지원조차 할 수 없는 상황이 너무나 억울하고 분했다. 최하 등급의 내신 성적이라 둘째 치더라도 수능 시험공부를 전혀 하지 않은 상태였기에 정상적인 방법으로는 대학을 갈 수 없다는 것은 기정사실이었다.

절박한 심정으로 선택한 것은 체대 응시였다. 전부터 운동을 좋아했고 남은 시간 동안 공부보다는 체대 실기를 준비하는 편이 가능성이 높으리라 판단했다. 남은 기간 체대 입시를 준비해서 2곳의 체육학과에 지원했고 실기시험을 쳤다. 다행히 실기시험은 체대 준비생들만큼의 평균적인 점수를 받았으나 이번에도 내신 성적이 문제였다. 실업계에서 온 친구들은 거의 내신 1등급의 상위 등급이었고 난 14등급의 최하등급에 가까웠다. 결국, 실기점수와 내신 성적을 합산해서 내는 총 점수에서 밀려 지원한 2곳 모두 낙방의 고배를 마시고 말았다. 특별 수시전형에 이어 차선책으로 택한 것마저 실패해 버린 것이다. 이것이 나의 학업 실패에 관한 이야기이다.

두 번째는 사랑 고백에 관한 실패에 관해서 이야기해보고자 한다. 첫사랑의 실패는 누구나 겪는 일이기에 생략하고 진정 온 마음을 다해 좋아했지만 이루어지지 않았던 경험에 대해 말하고자 한다. 평소 시간이 남거나 특별히 갈 곳이 없을 때는 서점을 자주 찾는 편이다. 그날도 약속 시각보다 빨리 장소에 도착해 시간이 남아서 서점에 들렀다. 서점 안에서 여기저기 둘러보고 있는 순간 제복을 입은 그녀가 눈에 들어와 박혔다. 첫눈에 반한다는 것은 TV나 영화에서나 있는 일이고 현실 세계에서는 절대 일어나지 않는 일이라고 믿어왔던 나였는데 세상에……. 이래서 절대라는 말은 함부로 하면 안 되는 것이다. 그 날 이후 매일같이 서점으로 출근하게 되었다. 비타민을 들고 가 그녀에게 건네주는 등 환심을 사기 위해 노력했고 마침내 밖에서 만날 수 있는 약속을 잡았다.

밖에서 처음 만난 자리에서 그녀는 2년 된 남자 친구가 있다고 말했고 난 멋지게 친구로 지내자고 말했다. 말은 멋지게 했지만, 마음은 그리 멋지지 못했다. 친구로 지내자고 말했지만, 시간이 지날수록 점점 더 그녀에게 빠져드는 감정을 쉽게 제어하지 못했다. 이성과 마음이 일치하지 못하고 두 달간의 마음고생 끝에 그녀에게 있는 감정 그대로 고백했고 그 결과 친구의 관계조차 가져갈 수 없었다. 나의 온 마음을 사로잡았던 그녀와의 인연은 그렇게 끝이 났다.

실패는 누구나 할 수 있는 것이 아니다. 의지를 가지고 어떤 행위를 했기에 나온 결과물이다. 아무것도 하지 않고 가만히 있으면 실패를 경험하지 않을 수 있다. 그런데 이것이야말로 가장 위험한 실패라고 말하고 싶다. 최선을 다하고 난 뒤의 실패는 훗날 어떤 식으로든 쓰이게 마련이다. 하지만 아무것도 하지 않아서 발생하는 실패는 아무짝에도 쓸모없는 무의미한 것이 된다.

서두에서 말했지만 실패하는 것은 누구나 두렵고 원치 않는 일이다. 실패 그 자체가 무서운 것이 아니라 실패하고 난 뒤에 오는 후 폭풍이 두려운 것이다. 재미있는 점은 실패를 경험한 사람의 다음 행동은 두 가지로 나뉜다. 그 실패를 디딤돌 삼아 성공으로 향해 달려가는 경우와 실패한 경험이 체내에 학습되어 더는 도전하지 못하게 만드는 경우가 있다.

세상에 실패 없는 인생은 없다. 두려워하거나 피하려 하지 마라. 결국, 그 실패를 어떻게 받아들이냐 하는 마음가짐과 그것을 극복해나가는 과정이 중요한 것이다. 똑같은 실패를 경험해도 어떤 사람은 실패자가 되고 어떤 사람은 성공자가 되는 것은 바로 이 부분에 달려있다.

성공이라는 것도 현미경으로 자세히 관찰해보면 그 안에는 무수한 실패들이 들어있다. 세상과 사회가 워낙 성공에 관한 스토리나 성공 노하우만 좋아하다 보니 실패에 관한 것들은 아예 이야기조차 하려 하지 않는다. 여기저기 둘러봐도 온갖 성공학에 관한 내용과 성공자에 관한 이야기들이다.

왜 실패학이나 실패자에 대한 이야기와 노하우는 배우려 하지 않는 것일까? 실패는 확대와 재생산이 되는 특징이 있다. 대부분의 경우 실패를 외면하고 숨기려 하거나 애초부터 없었던 일로 하려고 한다. 그렇기 때문에 실패의 요인을 명확히 밝히지 못하고 대책을 수립하지 못해 같은 실패가 반복되는 현상이 생기는 것이다. 여기에서 우리가 반드시 알아야 할 것이 있다. 성공의 반대말은 실패가 아니다. 성공과 실패는 바늘과 실처럼 늘 함께 붙어 다닌다. 성공하기 위해서 실패를 피해야 할 것이 아니라 실패를 잘 감싸 안을 수 있어야 한다. 인생의 긴 여정에는 수없이 많은 실패와 성공이 서로 교차하며 진행된다는 점을 반드시 기억하고 오늘의 실패는 내일의 성공으로 가기 위한 과정이라는 점을 잊지 말도록 하자.

청춘은 호기심이다

방황하는 한 청춘이라 했던가. 호기심 없는 청춘은 청춘이 아니다. 누구나 어렸을 때는 왕성한 호기심과 질문들로 가득 찬 일상을 살지만, 나이가 들어감에 따라 점차 궁금한 것도 없어지고 호기심 자체도 줄어든다. 살아가면서 자연스럽게 학습되거나 경험을 하면서 세상의 이치를 하나 둘 깨달아 가기 때문이다.

나는 사물에 대한 호기심보다 사람과 현상에 대한 호기심이 강한 편이다. 특히 새로운 것을 보고 듣는 것과 해보지 못한 경험을 해보는 것을 최고로 좋아한다. 집 근처에 새로운 식당이나 가게나 생기면 꼭 한번은 방문해서 음식을 먹어보거나 제품을 사 온다. 그럴 때마다 이 집의 음식 맛은 어떨까 하고 기대와 설렘을 느낀다. 직접 먹어보면 음식의 맛이 떨어지는 곳도 종종 있으나 그런 곳은 다음부터는 가지 않으면 그만이다.

신작 영화나 도서가 나오면 체크를 해 놓았다가 시간이 날 때 꼭 챙겨보는 스타일이다. 늘 반복되는 일상이지만 그 안에서 자신이 얼마만큼 새로운 눈으로 세상을 바라보느냐에 따라서 새로운 일들이 많이 생긴다. 그러려면 '왜'라는 질문을 항상 하는 자세가 중요하다. 주위에서 일어나는 사소하고도 작은 일도 자세히 들여다보고 왜라는 질문을 품어보자.

어려서부터 컴퓨터에 관심이 많았다. 초등학교 6학년 무렵 부모님을 졸라서 제법 고가품이었던 컴퓨터를 마련했다. 그 당시는 인터넷이 보급되기 전이었고 전화선을 이용한 PC 통신이 주를 이뤘다. 통신을 이용한 채팅 등에 빠져서 하루 평균 6시간 이상을 사용하다 보니 집에 전화가 안 돼서 부모님께 꾸지람을 듣는 일도 있었다. 지금은 대부분의 컴퓨터 사용자가 윈도우라는 운영체제를 사용하지만, 그 시절에는 윈도우가 없어서 직접 컴퓨터에 명령어를 입력하는 도스 운영체제를 사용했다.

책을 보면서 독학으로 하나씩 배우는 재미가 있었다. 컴퓨터를 하다 보면 작동의 문제뿐 아니라 여러 가지 소프트웨어상의 문제들에 자주 봉착한다. 그럴 때 처음에는 스트레스로 다가오지만, 그것의 원인을 찾아가면서 해결했을 때의 쾌감은 굉장한 카타르시스로 느껴질 만큼 강력하다. 어려운 수학 문제를 풀었을 때의 기쁨이라고 할까. 막힌 문제를 해결했을 때의 뿌듯함은 겪어본 사람만 알리라.

성인이 돼서는 자동차에 관심을 가졌다. 자동차를 타는 것도 좋아했고 차량별 특징과 성능을 공부하는 것도 좋아했다. 자동차를 타다 보면 예상치 못한 고장이 빈번하게 일어난다. 그럴 때 정비소에 가서 부르는 만큼의 돈을 주고 고치는 방법도 있지만, 그렇게 할 경우 바가지요금을 쓰게 되는 경우가 잦았다. 일반인들이 차량정비에 대해 잘 모르고 특히나 여성 운전자의 경우 부르는 게 값일 정도로 비싸게 받아 챙기는 곳도 종종 있다.

차량에 고장이 생겼을 때 여러 곳의 정비소를 돌다 보면 가격이 달라서 견적 비교도 되지만 설명을 듣다 보면 고장 원인과 메커니즘에 대한 공부가 될 수 있었다. 인터넷에 나와 있는 관련 정보들로 좀 더 보충해서 공부하면 거의 반 전문가 수준에까지 이르게 된다. 특별히 관심이 없는 분야라도 문제가 생기는 상황이 오면 자연스레 관심을 가지고 해결하기 위한 공부를 하게 되었다.

그렇게 해결이 되면 그것은 경험을 넘어선 하나의 지식이 되었다. 평소 별다른 호기심이 없는 사람도 이 방법을 이용하면 호기심을 작동시킬 수 있고 더 나아가서는 문제 해결에도 유용한 도움이 된다.

또 한 가지 방법으로는 주변 지인들을 적극적으로 활용하는 것도 좋은 방법이다. 주변에 친구나 직장동료 등의 지인들은 각자 한 분야씩은 전문가 수준으로 알고 있는 분야들이 있다. 그들의 지식과 경험을 지렛대로 활용해보자. 이것이 바로 집단지성의 힘 아니겠는가.

호기심을 확장하는 방법으로 자신이 관심 가지는 분야 외에 다른 분야에 관심을 가져보는 것이 좋다. 늘 같은 일만 하거나 같은 사람만 만난다든지 심지어 같은 분야에만 관심을 둔다면 제한된 사고와 시야는 물론이고 매몰된 삶이 될 수 있다.

다른 분야를 선택할 때는 아무 연관도 없는 동떨어진 것의 선택도 좋지만, 자신이 관심을 가지고 분야에서부터의 연관된 것으로 서서히 확장해 나가는 편이 좋다. 그래야 어느 정도 호기심도 생기고 새로운 것을 접했을 때의 이질감도 적기 때문이다. 다른 분야에 관해 관심을 가지고 파고들어 보면 그쪽에도 그들만의 세상이 존재하고 구체적이고 심층적인 면을 발견할 수 있다. 비록 분야는 다르지만, 작동원리나 운영방식 등과 같은 대전제는 비슷한 형태의 프로세스를 갖고 있다는 것도 알게 될 것이다.

지적 호기심을 채우는 가장 좋은 방법은 독서이다. 독서의 중요성에 대해서는 이미 우리는 귀에 못이 박일 정도로 들어왔다. 독서는 간접 경험 이상의 이득을 제공해준다. 독서에 몰입하게 되면 지식 습득은 물론 아이디어가 샘솟으며 자신에게 필요한 인사이트도 얻을 수 있다. 매번 새로운 책을 사서 보는 것이 부담스러울 경우 도서관을 이용하는 것도 좋은 방법이다. 나도 도서관을 알기 전까지는 거의 모든 책을 사서 보았는데 도서관을 알고 나서부터는 꼭 필요한 책을 제외하고는 대부분 도서관의 책을 대여해서 본다. 도서관에 자신이 원하는 책이나 신간이 없으면 비치희망 도서로 신청하면 2주 안에 비치가 된다. 지속적인 독서를 계획했다면 집 근처에 있는 도서관을 적극적으로 활용해보자.

　나의 경우 2주일에 한 번씩 주기적으로 도서관에 간다. 개인당 1회 최고 대출 권수인 5권을 빌려서 2주의 대여 기간 안에 읽고 반납 후 다시 5권을 빌려서 오는 방식이다. 이렇게 하면 한 달에 10권의 책을 읽을 수 있다. 물론 2주 동안 5권의 책을 다 읽는다는 것을 가정했을 경우에 한해서이다. 이렇게 1년만 꾸준히 할 수 있다면 1년에 자그마치 120권의 책을 읽게 되는 것이다. 하지만 사회 생활을 하는 사람이 2주에 5권을 읽기가 쉽지 않을 것이다. 우리나라 평균 독서량이 한 달에 1권이 채 안 된다고 하니 어쩌면 현실성이 떨어지는 이야기일 수도 있다.

　2주에 5권을 굳이 다 못 읽어도 좋다. 2주에 한 번 한 달에 두 번 도서관을 가서 책을 빌리는 습관을 1년만 지속해보자. 그 어떤 형태로든 변화는 반드시 찾아온다.

　우리 사회는 지금까지 호기심에 대해 그리 관대하지 못했던 거 같다. 호기심에 대한 사전적 정의를 찾아보니 새롭고 신기한 것을 좋아하거나 모르는 것을 알고 싶어 하는 마음이라고 적혀있다. 정의된 내용을 보니 아주 건설적이고 바람직한 내용인데 왜 교육계에서도 그렇고 호기심이 적당한 대우를 받아오지 못했던 걸까.

고대 아테네의 철학자인 아리스토텔레스는 "호기심이야말로 인간을 인간답게 하는 특성이다."라고 주장했다. 또한 아인슈타인은 "나는 천재가 아니다. 다만 호기심이 많을 뿐이다."라는 말을 남겼다.

원래 한국인은 세계에서 호기심이 가장 강한 민족이라고 한다. 개화기에 한국을 방문한 서양인들의 기록에도 거의 빠지지 않고 등장하는 게 바로 호기심이다. 1860년 천주교 선교사 다블뤼는 조선인들은 호기심이 많아 가장 작은 일 하나도 알고 싶어 하며, 또 그것을 남에게 이야기하고 싶어 한다고 했다. 한국인의 호기심에 대한 서양인들의 증언은 최근에도 계속된다. 프랑스 소설가 베르나르 베르베르는 한국인은 호기심에 가득 차 있다. 어린아이 같은 열린 눈과 열린 마음으로 새로움을 추구한다고 했다. 기록에서도 알 수 있듯이 호기심이라는 것은 우리 민족이 가지고 있었던 천성이고 지금의 우리 사회를 만들었던 동력이었다.

신경세포 학회지에 발표된 한 연구결과에 따르면 아무리 재미없는 것이라도 호기심과 흥미를 갖고 배우면 빨리 습득할 수 있다고 한다. 또한, 호기심이 많은 사람이 행복 만족도가 높다고 한다.

이제 우리들도 그 장점을 알아차려야 할 때다. 조금은 소란스럽고 귀찮을 수도 있으나 그 에너지로 말미암아 앞으로 나아갈 힘이 될 것이다. 우리 모두 호기심으로 가득한 일상을 살자.

배우는 기쁨

글을 시작하기에 앞서 배움에 관한 글을 쓰려니 괜히 머쓱한 느낌이다. 어려서부터 학교 다니는 것을 무지 싫어했고 학창 시절에는 공부와 담을 쌓고 지내왔다. 학창 시절에 열심히 했던 공부 중학교 시절 남녀공학을 가기 위한 공부와 고등학교 시절 대학 진학을 위한 컴퓨터 자격증 공부가 전부다. 두 가지 모두 필요에 의한 공부였다는 공통점이 있다.

20대 중반에 와서 해외에 가기 위한 외국어 공부를 시작으로 배우는 것에 관해 관심을 두기 시작했다. 생각해보니 필요에 의한 공부는 누가 시키지 않았던 자발적으로 열심히 했었다. 학창 시절 학교가 가기 싫었던 것도 공부가 하기 싫어서라기보다는 학교의 정해진 규칙이나 얽매이는 것이 더 싫었던 이유였다.

의지를 가지고 자의적으로 했던 외국어 공부는 힘들었지만, 재미가 있었다. 독학도 모자라 학원까지 등록해가며 투지를 불살랐다. 재미를 잃지 않기 위해

외국 드라마를 보면서 공부를 하는 등 다양한 방법으로 학습을 했다. 매일 듣기 연습을 하다 보니 어느 순간 귀에 조금씩 들리기 시작했다. 나중에는 자막이 없이 드라마를 봐도 대략적인 내용이 이해가 가는 경지까지 이르기도 했다.

외국어 공부로 어느 정도 배움에 대한 동기부여가 된 나는 20대 후반에 들어서 창업을 하게 되는데 이때부터는 찾아다니면서 무엇이든 닥치는 대로 배웠던 거 같다. 창업했지만 관련된 제반 지식은 물론 아는 것이 많이 부족했다. 독서 습관도 이때부터 시작되었다. 부족한 지식을 습득하기 위해 책과 세미나, 강연회 등을 찾아다니며 배움에 매진했다. 어렸을 적 나를 알던 친구들은 내가 공부한다고 하면 의아해하는 정도가 아니라 깜짝 놀란다. 이점은 가장 가까이 있는 가족도 예외는 아니다. 학교가 가기 싫어 검정고시 치겠다는 말을 달고 살았었고 책이라고는 무협지와 만화책 읽는 것이 전부였던 아이가 공부라니……. 보고도 믿을 수 없는 광경이 벌어진 것이다.

그럼 예전의 나는 왜 그렇게도 학업에 열중하지 않았고 무언가를 배우려 하지 않았을까? 곰곰이 생각해본 결과 공부할 필요성을 찾지 못해 동기부여가 되지 않은 점이 가장 크게 작용했다고 본다. 성인이 되어서 공부를 대하는 태도가 달라진 것은 그만큼 간절히 필요로 하기 때문이었다.

사업의 현장은 배우지 않으면 경쟁에서 뒤처질 뿐만 아니라 생존까지도 위협받는 전쟁터였다. 실력을 쌓기 위해서는 실전 감각과 노하우도 중요했지만, 그에 수반되는 이론 지식과 배경도 필요로 했다. 이런 상황에서 필요한 것들을 배우지 않을 수 없었고 다행히 그 배움의 과정이 재미있고 즐거웠다.

흔히 말하는 배움의 즐거움을 경험을 통해 깨달은 것이다. 무언가를 새롭게 배우려고 하면 시간과 에너지와 돈이 들어간다. 그것이 외국어가 되었든 악기가 되었든 간에 말이다. 또한, 이 모든 것보다 먼저 와줘야 하는 것이 강한 의지력이다. 자신이 원해서 배우는 것을 제외하고는 의지력 없이 시작한다는 것은 좀처럼 쉽지 않다. 매우 귀찮은 생각이 앞선다.

어떻게 의지를 가지고 시작했다고 쳐도 짧은 기간에 포기해 버리는 경우도 허다하다. 왜냐하면, 초반에는 진도도 더디고 생소한 것이라 실력도 빨리 늘지 않기 때문에 재미를 느끼기가 어렵다. 재미보다는 기초가 반복되는 과정에서 지루함을 느끼게 된다. 이러한 시간을 견디지 못하면 포기하고 견디면 실력과 재미가 붙는 단계로 넘어가게 된다. 어느 정도 실력이 향상되어 재미를 느낄 수 있는 단계까지 오면 그다음부터는 포기하는 경우가 적다. 조금씩 실력이 느는 것을 본인도 느끼게 되고 더 잘하고 싶은 욕구와 길망이 생기기 때문이다. 그렇다고 슬럼프가 찾아오지 않는 것은 아니다. 공부나 스포츠 같은 취미도 입문 단계보다 중급 이상의 실력을 갖췄을 때 주로 찾아온다.

실력 향상을 느끼며 재미가 붙을 즈음 성취감이 생겨 더욱 열심히 하게 된다. 그런데 열심히 하는데도 불구하고 실력이 향상되지 않거나 오히려 전보다 더 떨어진 느낌이 드는 경우가 있는데 이럴 때 슬럼프는 찾아온다. 이렇게 찾아온 슬럼프를 극복하면 한 단계 더 도약할 수 있고 슬럼프에 무너지면 마찬가지로 포기로 이어진다. 모든 배움의 과정이 이와 비슷한 사이클로 전개되는 양상을 보인다.

요즘 시대를 가리켜 평생 학습 시대라 한다. 공부는 끝이 없으며 학교를 졸업하고 사회에 나와서 하는 공부가 진짜 공부라고 말한다. 백분 공감하는 바이다. 나 역시 학교를 졸업하고 성인이 된 지 한참이 지나서야 배움에 눈을 떴다. 처음에는 필요 때문에 시작하게 된 배움이었지만 요즘은 새로운 것을 배우는 것이 즐겁다. 시간이 허락하는 한 꼭 필요로 하지 않는 것도 찾아서 배우러 다니고 있다.

배움이라는 것은 책을 통해 배우는 것도 좋고 강연이나 동영상을 통해 배우는 것도 좋다. 전문적인 교육 기관이나 사람을 만나 배우는 것도 추천한다. 그중 가장 좋은 것은 경험을 통한 배움이라고 말하고 싶다. 방법적인 부분이야 자신의 취향에 맞는 거로 선택하면 된다. 중요한 것은 배움이라는 활동을 지속해서 해야 한다는 것이다.

시대가 아주 빠른 속도로 변화하고 있다. 조금 과하게 말하자면 어제의 지식이 내일이 되면 쓸모가 없는 시대에 우리는 사는 것이다. 이런 급변하는 시대에 우리가 취할 수 있는 전략은 배움의 생활화를 하는 것이다. 이미 정보는 우리 곳곳에 널려있다. 인터넷을 열어서 검색하면 찾고 싶은 정보가 3초도 안 돼서 나온다. 혹자는 이런 환경에서 굳이 배울 필요가 있냐는 질문도 하는데 정보를 많이 습득하거나 많이 알고 있는 것이 지식이 아니다. 하물며 지금은 지식이 아닌 지혜가 필요한 시대이다.

지금의 시대는 배움의 자세가 중요하다. 배움에 대한 태도를 말하는 것인데 일상생활에서 일어나는 모든 일에서도 우린 배울 수가 있다. 일어나는 상황에서의 관계, 행동, 생각 등 배움의 자세를 견지하고 있다면 하루하루가 학습의 장이 될 것이다. 일테면 직장에서 누구나 싫어하는 악당 캐릭터의 사람이 있다면 그를 반면교사로 삼아 그의 행동 등을 하지 않아야겠다는 점을 배우고, 모범적인 동료나 친구나 있다면 행동이나 말투, 사고방식 등을 자세히 관찰하여 배울 수 있다. 이처럼 배운다는 것은 대단한 행위가 아니다. 그저 일상에서 늘 적용하며 활용할 수 있다.

필요한 것은 배움에 대한 의지와 태도만으로 충분하다. 이 약간의 차이가 결국 결정적인 역할을 해내는 것이다. 정신력이 강한 소수의 사람을 제외하고는 대부분 강한 의지력을 갖추기가 어렵다. 나 역시 예외가 아니다. 의지력을 강하게 단련할 방법을 소개하겠다. 정확히 말하면 의지력 강화 방법이라기보다 목표 달성 방법에 좀 더 가깝겠다. 모든 행동이나 사고는 처음이 가장 어렵다. 그런데 같은 행동을 계속 반복하거나 같은 생각을 반복하다 보면 그것을 하기 위한 근육이 붙게 되고 노하우도 생기게 된다. 그 상태에서 지속적인 반복을 하다 보면 결국 습관이라는 것으로 자리 잡게 된다. 좋은 것이든 나쁜 것이든 일단 습관으로 자리 잡히면 그것을 없애고 싶어도 쉽게 없앨 수가 없다. 습관이 된 것은 그다음부터는 내가 의식적으로 의도하지 않아도 자동으로 하게 된다. 그렇다. 배움에 관한 것도 마찬가지다. 의식의 단계에서 무의식의 단계로 보내 버리는 것이다. 즉, 배우는 습관을 만들어야 한다. 어떤 일을 할 때 습관이 되지 않은 의식의 단계에서는 아주 강력한 의지력이 필요하다. 한데 이미 습관이 되어 버린 것들을 행하는 데는 의지력이 필요치 않는다. 왜냐면 이미 본인도 모르는 사이에 무의식적으로 행해버리기 때문이다. 의지력이 약한 사람일수록 습관을 만드는 행위가 중요하다. 무의식은 항상 의식을 이기기 때문이다. 나 또한 이런 방법으로 배움의 자세와 태도를 만들 수 있었다.

우리는 무언가를 배우기에 정말 좋은 시대와 환경에 살고 있다고 생각한다. 정보 통신이 발달하기 전에는 사람을 찾아가서 배우거나 오프라인을 통한 배움이 대부분이었을 요즘은 인터넷을 비롯해 휴대 기기 등을 통한 온라인 교육이 주를 이룬다. 기술의 발달로 시간과 공간의 제약이 없어진 것이다. 배움의 의지만 있다면 누구나 무료 또는 저비용으로 배울 기회가 곳곳에 널려있다. 최근에는 해외의 유수 대학의 강의도 온라인을 통해 무료로 제공되고 있다.

환경이 이렇다 보니 이제 돈이 없어서 또는 시간이 부족하다는 핑계로 배우지 못한다는 변명은 통하지 않는다. 마음만 먹으면 얼마든지 배울 수 있기 때문이다. 간혹 일하느라 먹고 살기 바빠서 무언가를 배울 시간이 없다는 이야기를 자주 듣는다. 그런 경우일수록 더욱 배움에 힘써야 한다고 말해주고 싶다. 배운다는 것은 밑지는 장사가 절대 아니다. 오히려 가장 많이 남는 장사야말로 배우는 것이다. 업무로 인해 바쁜 사람의 경우는 시간을 쪼개는 한이 있더라도 자신의 업무에 관한 내용을 찾아 배워보라. 그 배움으로 인해 업무의 효율도 올라갈 것이고 더 나아가 일하는 시간도 단축되는 경험을 할 수 있을 것이다.

마지막으로 배움의 기쁨에 대해 말하려 한다. 우리 삶 가운데는 먹는 기쁨, 노는 기쁨, 나누는 기쁨, 즐기는 기쁨 등 여러 가지 형태의 기쁨이 존재한다. 위의 열거된 기쁨들은 사람 대부분이 느껴봤을 만한 기쁨들이다. 배움의 기쁨 또한 위의 것들과 같이 행복한 즐거움을 선사해준다. 무언가를 배우고자 하는 것은 고차원적인 것이라기보다 인간의 기본 욕구이자 본능이다.

요즘 나는 배움의 기쁨을 만끽하며 살아갈 뿐 아니라 배울 수 있는 것에 늘 감사하며 산다. 이제 그 배움으로 인해 성숙해지고 성장하는 기쁨을 여러분과 함께하고 싶다.

노력하는 청춘이 아름답다

우리는 학교나 가정에서 공부든 무엇이든 열심히 노력해야하고 노력하면 반
드시 이룰 수 있다고 교육 받아왔다. 노력과 성공이 정비례한다는 일명 노력 성
공설을 20대를 훌쩍 넘긴 시절까지 믿어왔다. 20대 끝자락에서 열정 하나로 시
작한 창업은 열심히 하면 반드시 이룰 수 있다는 믿음으로 밤낮을 쉬지 않고 일
했다. 평일 밤늦은 야근과 주말은 물론 심지어 1월 1일과 같은 국경일도 사무실
에 나가서 일했다. 왜? 열심히 노력하면 이룬다고 배우고 믿어왔으니까……

20대 시절을 돌아보면 남들 못지않게 정말 열심히 살았다. 젊은 시절 고생은
사서도 한다는 말로 위안하며 자신을 코너 끝까지 밀어 넣기도 했다. 그만큼
성공에 대한 열의가 강했고 빠른 결과를 내길 원했다. 내색하지는 않았지만,
조울증에 걸린 사람처럼 감정 기복이 심했고 늘 조급한 마음이 따라 다녔다.

노력이라는 단어보다 발악이라는 단어가 더 어울릴 만큼 이리저리 발로 뛰
어다녔다. 성공에 대한 강한 신념의 힘으로 버티며 일을 했던 시절이다. 그런

데도 노력한 만큼의 성과는 나오지 않았다. 혹시 방법이 잘못된 건 아닐까 생각하고 다른 방법도 취해보면서 엄청난 노력을 쏟았지만, 결과는 크게 달라지지 않았다. 오랜 시간 동안 원인 찾기에 골몰했고 마침내 이유를 찾았다.

노력은 기본이었다. 열심히만 한다고 해서 성공하는 것이 아니라 그 위에 다른 포인트가 가미되어야 하는 것이었다. 요즘 세상에 열심히 하지 않는 사람은 별로 없다. 전부 다 죽기 살기로 노력하고 있는 상황인데 그것이 마치 나만의 전유물인 듯 혼자서 자기도취에 빠져 있었다.

무조건 열심히만 한다고 해서 능사가 아니라는 것을 깨닫기까지는 오랜 시간이 걸렸다. 평소 생활 스타일이 매사에 열심히 하는 스타일은 아니다. 남들 하는 만큼만 적당히 하는 편에 가깝다.

하지만 어떤 일에 한 번 느낌이 오면 물불 안 가리고 덤비는 편집중도 가지고 있다. 문제는 그 느낌이 아무 때나 아무것에나 오지는 않는다는 것이다. 한 번씩 사람한테 해당할 때도 있는데 이럴 때는 너무 열정적인 나머지 서로 난감해진다.

예나 지금이나 왕성한 호기심에 비교해 지구력은 그다지 없는 편이다. 늘 새로운 것을 찾아 시작은 잘하나 마무리가 깔끔하지 못한 경우가 많다. 쉽게 싫증을 느껴 중도에 포기하거나 중간에 어려움과 부딪혀서 도망가 버린 적도 있다. 가끔 새로운 것과 딱 맞아 떨어질 때면 그것에 빠져서 헤어 나오지 못하는 중독의 성향을 보일 때도 종종 있다.

우리는 예언가나 점쟁이가 아닌 이상 아무도 미래를 정확히 알지 못한다. 그저 하루하루 최선의 노력을 다해 살아갈 뿐이다. 경험상 노력하면 무조건 성공한다는 것과는 반대로 노력 하는 한 방황하고 노력하는 한 어려움과 마주칠 확률이 높다. 그렇다고 노력하는 것을 포기해서는 안 된다.

개천에서 용 나는 시대는 지났다고 하나 아직도 언론이나 여러 매체를 통해 성공담이나 인물을 자주 접한다. 보도되는 내용도 주로 그 사람이 이룬 결과와 업적에 관한 이야기 위주지 과정에 관한 내용은 크게 보도하지 않는다. 인터뷰 내용도 살펴보면 성공의 비결이 뭐냐는 질문에 대다수가 운이 좋았다고 대답한다. 정말 단순하게 운만 좋아서 성공한 것일까?

운칠기삼이라는 말이 있다. 운이 7할이고 재주가 3할이라는 뜻이다. 모든 일의 성패는 운이 7할을 차지하고 노력이 3할을 차지하는 것이어서 결국 운이 따라주지 않으면 일을 이루기 어렵다는 뜻이다. 경험해보니 이 말도 상당 부분 일리가 있는 말이다. 그런데 여기에는 가장 중요한 한 가지가 더 있다. 이 7할의 운이라는 것이 가만히 앉아서 기다리고 있는 사람에게는 절대로 찾아오지 않는다. 무수한 노력과 인내를 가지고 최선을 다하는 자에게 찾아오는 것이 바로 운이다. 나의 필사적인 노력과 시대적 상황이 딱 맞아 떨어지는 교차점에서 운은 기다리고 있다. 그렇기 때문에 우리는 노력하는 삶을 포기해서는 안 되는 것이다.

물론 이 세상에는 노력만으로 이루어지지 않는 일도 허다하다. 열과 성의를 다해서 노력했는데도 불구하고 만족할 만한 결과를 가져오지 못했을 때 우리는 실망하고 좌절한다. 결과도 결과지만 자신이 노력한 것에 대한 본전 생각에 더 억울하고 화가 나는 것이다. 그럴 때는 정말 목숨을 바칠 정도로 열심히 했는가 한 번 더 생각해보고 후회 없을 만큼의 노력이었다면 슬퍼할 필요 없다. 대개 결과가 만족스럽지 않은 경우는 두 가지에 해당한다.

첫 번째는 내 노력이 부족했다는 것과 두 번째는 노력은 부족하지 않았으나 본인이 생각하지 못하는 더 좋은 결과가 있기 때문이다. 첫 번째에 해당하면 부족한 노력을 채우면 될 것이고 두 번째라면 근심 없이 기다리면 된다. 두 번째의 경우 시간적 갭이 발생하기 때문에 너무 조급하게 생각하지 않는 편이 좋다.

지금 우리가 사는 시대는 '하면 된다' 식의 간단한 시대가 아니다. 여러 가지의 것들이 얽히고설켜 복잡한 구조를 이루고 있기 때문이다. 해도 잘해야 하며, 잘해도 될지 안 될지 그 누구도 장담할 수 없다. 그럼 우리는 이런 시대적 상황에서 어떤 전략을 취하며 살아가야 하는 걸까?

가장 간단하게는 의미 부여가 중요하다. 노력과 성공을 비롯한 모든 것에 자신만의 의미가 부여되어야 한다. 세상의 기준이 아닌 남들이 정해준 의미가 아닌 자신만의 의미 말이다.

자신만의 의미를 부여하고 이를 확고히 한 사람은 외부적인 환경 요소들에 흔들리지 않는다. 오로지 내면의 소리에 집중하고 자기 자신과 끈질긴 싸움을 이어나갈 뿐이다. 그 과정의 경쟁자도 외부의 누군가가 아니라 어제의 나 자신과 오늘의 내가 경쟁하며 성장해간다.

내게 있어 노력이라는 것은 내면의 성장과도 같다. 남들은 몰라도 나 스스로는 얼마나 성장했는지 또 얼마나 성장하고 있는지를 알 수 있다. 또한, 내게 있어 성공은 매일 노력을 통해 조금씩 성장하는 과정 전체를 의미한다. 어떤 특정한 시점이 아니라 노력으로 성장하는 과정 전체가 성공인 셈이다.

이 의미 부여라는 것이 가지는 파급력과 영향력은 상당하다. 외적 보상이 아닌 내적 동기로 자신을 동기 부여하고 지속적인 노력을 기울일 수 있는 연료로 쓰이기 때문이다.

우리가 흔히 어떤 노력을 지속해서 이어나가기 위해서 외적 보상이라는 장치를 많이 쓴다. 그런데 이 외적 보상 체제가 끊기게 되면 노력도 같이 끝을 맞이하는 경우가 많다. 그 시발점이 보상을 위한 노력이었기 때문에 목표가 없어지는 순간 자연스럽게 없어지게 되는 것이다. 하지만 내적 보상은 이야기가 다르다. 이 내적 보상이라는 것은 다른 사람이 주는 것이 아닌 자신 스스로가 주는 것이며 받으면 받을수록 계속 생겨나는 선순환 구조를 가진다.

요즘 여기저기서 힘들다는 말이 자주 들려온다. 열심히 노력해도 되지 않는다며 도대체 어떻게 해야 할지 모르겠다고……. 하지만 이 말을 꼭 해주고 싶다. 이 세상 사람 중에 힘들지 않은 사람 아무도 없다. 재벌 총수가 되었든 고위 관료이든 심지어 나라의 수장까지도……. 천석꾼에게는 천 가지 걱정, 만석꾼에게는 만 가지 걱정이 있는 법이다.

노력은 배신하지 않는다. 묵묵히 당신의 길을 걸어가라.

제3장
경험, 그 소중한 시간들

세상은 넓고 인생은 짧다

한국 사회는 직장을 자주 옮기는 것을 그다지 좋게 보지 않는다. 한 직장에서 오랫동안 근무하는 것을 높게 봐주는 경향이 있다. 서양의 경우는 반대다. 한 직장에서 오랫동안 일한 사람은 능력이 없는 사람이라고 간주하고 여러 직장을 옮겨 다닌 사람을 경험도 많고 커리어가 좋다고 본다.

나의 경우 후자에 속했다. 20대 말 무렵 창업을 하기 전까지는 무수한 직장을 옮겨 다녔다. 여러 가지 일을 접해 보고 싶은 마음도 있었고 적성이 맞지 않는 직장에서 참고 다니기가 싫었다. 이런 나를 보고 주위에서는 구직 왕이라는 별명까지 지어줬을 정도이니 짐작이 가리라 생각한다. 물론 그 당시도 취업이 쉬운 시기는 아니었다. 한 직장을 그만두면 다음 직장을 들어가기까지 상당한 시간과 노력이 필요했다. 그런 노력을 감내해가면서 여러 직장을 옮겨 다녔다. 한국 취업 사회에서는 전혀 도움이 되지 않는 행동이었지만 사회라는 틀에 맞추기보다 나 자신의 틀을 빨리 정립하고자 했던 행동이었다.

첫 번째 직장은 골프채를 만들어 판매하는 골프 회사였다. 골프에 관심이 있었던 것은 아니고 어린 나이에 연봉을 많이 주는 곳을 찾다가 우연히 들어간 곳이었다. 그곳에서 하는 일은 선임과 함께 2인 1조로 전국의 컨트리클럽을 돌면서 골프채 대여 행사와 판매를 하는 것이었다. 골프의 골도 모르고 입사를 한지라 적응에 어려움이 있었다. 선임은 골프채의 각각의 성능은 물론 강도와 각도까지 달달 외우도록 주문했다. 테스트에서 틀릴 때마다 엄청난 꾸지람을 들었고 울며 겨자 먹기로 전부 암기를 했다.

컨트리클럽에 한 번 들어가면 인근의 모텔 같은 곳에 숙소를 잡아놓고 2주 정도 생활을 한다. 새벽 라운딩 전에 들어가서 오후 라운딩이 마치면 숙소로 퇴근하는 식이다. 숙소에서도 선임과 방을 같이 썼기에 자는 시간을 제외하면 종일 일하는 기분이었다. 이 일을 하면서 또래보다는 많은 돈을 벌었지만, 그 외에 크게 배울 것이나 성장 가능한 기회는 포착되지 않았다. 부가적으로 도움이 된 것이 있다면 골프채에 대해서는 거의 박사급 정도의 이론으로 무장이 된 점이라고 할까.

젊은 나이기도 했고 버는 돈만 생각했을 때 일을 그만두기가 생각보다 쉽지 않았지만 돈보다는 다양한 경험과 적성에 맞는 일을 찾고 싶었기에 고민 끝에 퇴사했다.

두 번째 직장은 이벤트 대행 업무를 하는 회사였다. 운전을 하고 싶었던 것이 이 회사의 입사 동기였다. 하는 일은 주로 LG전자 매장의 프로모션을 담당하는 것이 주 업무였다. 부산과 경남권의 LG전자 매장을 돌며 매출 증가를 위한 홍보 행사 등을 기획하고 실행하는 일이었는데 도우미들과의 협업이 많았다. 90% 이상이 외근업무로 지방 출장을 가야 하는 일이 많았고 항시 밖에서 일하다 보니 여름의 무더위와 겨울의 추위가 힘든 요소로 작용했다. 그래도 하고 싶었던 운전을 실컷 할 수 있었고 도우미들과 팀으로 일을 한다는 것이 내겐 장점으로 다가왔다. 이벤트 대행일은 업무의 양과 강도보다 상당히 낮은 급여를 받았다. 일에 대한 이득을 찾든지 재미를 느끼지 못하면 돈만 보고 일을 했다면 오래 버티지 못하고 그만두었을 것이다. 일은 힘들었지만 배울 것도 있었고 적성에도 나름 맞는 일이라서 제법 오랜 기간 근무를 했다. 회사에 다니던 20대 중반쯤 되었을 때 내게는 또 다른 목표가 생겼다. 20대 젊은 시절 3년만 외국에서 살아보자는 계획을 세운 것이다.

긴 세월을 한국에서 살 것인데 젊은 시절이 아니면 해보지 못할 경험이라고 생각했다. 그런 생각이 들자 바로 실행계획을 수립했다. 우선 외국 생활을 위한 종잣돈과 외국어 능력이 필요했다. 한 가지도 없었던지라 그것을 위한 계획을 세우던 중 현재의 직장에서는 준비할 수 없다고 판단하여 그것이 가능한 직장으로의 이직을 하게 된다.

세 번째 직장은 고등학교 전산실이었다. 이곳은 시간적인 여유가 많았고 근무 시간이 짧고 일정해서 내게 필요한 준비를 할 수 있었다. 학교의 서버와 컴퓨터를 관리하는 일이었는데 고장과 같은 상황이 발생했을 때만 일을 하면 되었고 대기 시간에는 개인적인 공부가 가능했다. 외국어 학원 새벽반을 등록해서 출근 전에 공부하고 학교에 와서도 일하면서 공부를 했다. 오후에 학교를 마치고는 집 근처의 피시방에서 아르바이트를 병행하면서 종잣돈을 모았다. 새벽에 일어나서 밤늦은 시간까지 일과 학업을 병행해야 하는 상황에 몸은 힘들었지만 느끼는 보람은 최고였다. 무언가 목표를 향해 달려가고 있다는 점이 몸의 노고를 잊게 해줬다. 어린 시절 기억을 더듬어 보면 소풍도 가는 날보다 소풍 가기 바로 전날이 더 설레고 잠도 안 온다. 군대 시절 휴가도 막상 휴가 나온 당일보다 기다리는 그 며칠의 시간이 황홀한 정도로 설렌다. 목표도 마찬가지인 듯하다. 목표를 이뤘을 때도 기쁘겠지만 그 목표를 달성하기 위한 노력의 시간이 더 흐뭇하고 보람차다. 외국어 공부라는 것이 단기간에 가능한 것도 아니었고 학교에서 받는 월급이 많은 편이 아닌지라 준비를 하는 시간이 꽤 오래 걸렸다.

앞서 다녔던 두 곳의 직장보다 일이 편했고 단순했고 매일 반복되는 업무에 타성에 빠지는 날도 많았다. 그럴 때면 해외 생활이라는 목표를 상기하면서 그 슬럼프를 벗어나고자 노력했다.

꾸준히 공부한 덕분에 외국어 실력도 늘고 경비도 어느 정도 모였을 즈음 외국에 갈 방법들을 조사했다. 경제적인 여유만 있다면 유학이라는 제도로 가는 것이 제일 좋은 방법이었지만 그럴 상황이 아닌지라 조사 끝에 워킹 홀리데이라는 훌륭한 방법을 찾아낸다. 워킹 홀리데이는 해당하는 나라에서 일도 하고 여행도 할 수 있는 1년짜리 비자다. 지금은 워킹 홀리데이가 가능한 나라가 많아졌지만, 그때에는 일본과 호주, 캐나다 정도였다. 처음 타깃으로 정한 나라 일본. 외국 생활이 처음인 데다가 그나마 지리상으로도 가깝고 우리랑 문화가 비슷한 아시아가 제격일 것 같아서였다.

일본 워킹 홀리데이 비자는 3달에 한 번씩 일 년에 총 4번에 걸쳐 뽑았으며, 경쟁률이 상당했다. 운이 좋은 경우 한 번에 걸리는 경우도 있었으나 보통 한두 번은 떨어진다는 것이 정설이었다. 참고도 나의 경우 3번의 낙방 후 4번째에 비자가 나왔다. 한두 번 만에 붙을 거라 예상했었는데 시간이 걸리자 초조해지고 짜증도 났다. 초반에 떨어졌을 때는 언어 공부도 좀 더하고 돈도 더 모아가면 되겠다 하고 생각했는데 자꾸 떨어지게 되자 차라리 모은 돈으로 서울로 올라가서 다른 일을 할까도 생각했다.

마지막이라 생각하고 넣은 4번째 워킹홀리데이 비자 신청. 마지막이라 생각한 내 마음을 읽었는지 합격통지서를 받을 수 있었다. 힘겹게 얻어낸 워킹 홀리데이 비자와 함께 3번째 직장과의 인연은 끝이 났다.

그 뒤로도 창업하기 전까지 몇 번의 직장 생활을 더 경험했다. 비록 긴 시간은 아니었지만 다양한 분야의 일을 하면서 많은 사람을 만났다. 인생의 스승도 만났으며 친구도 만났고 적도 만났다.

한 분야에서 경험을 쌓으며 성장했다고 생각해도 다른 분야에 가니 배울 것이 상당했다. 분야를 옮길 때마다 세상이 넓다는 생각이 들었다. 그런 생각은 넓은 세상에 대한 경외감과 자신에 내한 겸손함이 들면서 자만에 빠지지 않을 수 있었다. 지금도 마찬가지이지만 넓은 세상을 마음껏 경험해보고 싶었다. 우리가 사는 세상은 어떤 시야로 보느냐에 따라서 아주 좁게도 아주 넓게도 보인다.

이것은 비단 직장 생활에만 해당하는 이야기가 아니다. 삶이란 유한한 것이아니고 인류의 역사에 비교해 본다면 지극히 짧은 시간이다. 의지를 갖고 경험하려 하지 않는다면 한정된 경험만 하다가 생을 마감할 수도 있을 것이다. 다양한 경험의 우월성이나 좋고 나쁨을 이야기하고자 하는 것이 아니다.

넓은 세상에 비교해 우리의 인생은 짧다는 것을 말하고자 함이다. 물리적으로 짧은 시간 안에서 넓은 세상과 많이 접할 방법은 다양한 경험을 해보는 것이다. 좋은 경험과 나쁜 경험은 따로 규정되지 않는다. 가장 중요한 것은 어떤 것이든 경험을 해보는 것이 최우선이고 그다음 그 경험을 통해 어떤 것을 배우고 어떤 의미를 부여하느냐가 중요한 것이다.

상황에 따라서는 용기를 가지고 시작한 것이 당장 아픔으로 다가올 수도 있고 하지 않았던 것보다 못하게 느껴질 때도 종종 있을 것이다. 그렇다고 움츠

러들거나 걱정할 필요는 없다.

시간의 흐름과 환경의 변화 속에서 그것이 중요한 밑거름으로 쓰이거나 없어서는 안 될 중요한 핵심 경험으로 작용하게 될 것이기 때문이다. 경험하는 인생이 재미있는 점은 바로 이 포인트에 있다. 어떤 경험 앞에서 망설여지거나 할까 말까 고민이 된다면 우선 행하라. 하고 나서 하는 후회는 반성이 되어 앞을 보게 되지만, 하지 않고 나서 하는 후회는 미련이 되어 뒤를 보게 되는 법이다.

살아가면서 세상 모든 경험을 다 해볼 수는 없겠지만 적어도 본인이 해보고 싶었던 경험만은 다 하고 떠나자. 고민만 하고 있기에는 너무나도 짧은 인생이다.

가치 없는 경험은 없다

우리가 사는 사회는 자본주의 사회다. 자본주의 사회는 철저한 상품 경제 사회로서 생산물의 거의 모든 것이 상품 형태를 취한다. 즉 상품의 가치뿐만 아니라 재화의 가치 등 사용가치가 중요한 것이 되는 것이다. 그렇기 때문에 사람과의 관계, 시간과 에너지의 투자, 노력 등은 가치 유무의 따라서 결정되기도 한다.

다양한 경험을 즐겨왔던 나는 흔히 말하는 돈이 안 되는 경험도 허다하게 했다. 자본주의 논리와는 맞지 않는 성격의 것들이었다. 경제를 잘 모르던 시절에는 흥미 있거나 재미가 있으면 묻지도 따지지도 않고 경험했고 사업을 통해 어느 정도 경제 감각을 키운 지금도 경제 논리가 아닌 나만의 기준에 의해 움직인다. 주위에서는 이런 나를 보고 용기 있다고 부러워하는 시선을 보내는 사람도 있고 아직 철이 안 들었다 또는 세상 물정을 잘 모른다는 등의 비난 어린 시선으로 바라보기도 한다.

한때는 주위의 시선을 많이 의식했던 적도 있었지만, 지금은 그런 것에 전혀 관여하지 않는다. 이것 또한 경험이 내게 준 선물이라 할 수 있겠다. 다양한 경험을 하다 보면 깨닫는 것이 많아진다. 최소 하나의 경험에 하나 이상의 깨달음을 얻을 수 있다. 그 깨달음으로 인해 좀 더 주체적인 사고와 관점으로 삶을 바라볼 수 있게 된다. 많은 사람을 만나는 직업의 특성도 있겠지만 많은 경험으로 인해 생겨난 능력이 하나 있다. 사람을 만나서 대화를 나누다 보면 그 사람의 경험치가 수치화돼서 보인다. 더 나아가서는 그 사람이 말하고 있는 내용이 참인지 거짓인지도 구별이 가능할 때도 있다.

개인적으로 지금은 고인이 된 스티브 잡스를 무척 좋아한다. 어느 정도로 좋아하냐면 스탠퍼드 대학에서 한 그의 연설에 감화되어 그 내용을 통째로 외우고 있을 정도이다. 많은 사람이 알고 있듯이 그는 태어나서 췌장암으로 사망하기까지 무수한 경험의 스토리가 있다. 사생아로 태어나 입양부터 대학중퇴에 이은 인도 여행을 비롯해 자신이 만든 회사에서 쫓겨나는 경험, 단기간에 억만장자가 된 경험 등 그의 일생을 소재로 영화까지 나올 정도로 파란만장한 삶을 살았다. 그에게 더 많은 애착이 가는 것은 철저한 자수성가형 인물이기 때문이다.

나의 경우를 돌아보면, 20대 시절 한 직장을 오래 다니지 않고 여러 직장을 옮겨 다니는 것에 대해 수많은 질타를 받았다. 끈기를 발휘해라! 또는 한 가지 직종에 오래 근무해야 실력도 키울 수 있고 인정받는다 등을 비롯한 살면서 들을 조언을 이때 다 들었을 정도다. 그런데도 난 여러 직장을 옮겨 다녔다. 삶에서 선택도 책임도 오롯이 나의 몫이라 여기고 내 판단대로 움직였다.

아무리 자신만의 굳은 기준이 있다 해도 사람인지라 주위의 시선과 소리에 흔들리지 않을 수는 없었다. 그렇다고 그것이 무서워서 남의 인생을 살 수는 없는 노릇이었다. 한 번 사는 인생 나의 뜻대로 밀어 부쳐보기로 결심했다. 그렇게 나의 뜻대로 여러 직장을 돌며 20대의 끝자락에 우연히 창업을 하게 된다.

재미있는 것은 창업하고 나서부터 일어났다. 막상 창업을 해보니 회사의 대표라는 자리는 멀티플레이를 넘어서 축구로 치자면 올라운드 플레이어가 되어야 하는 자리였다. 더욱이 작은 규모의 회사일수록 대표가 처리해야 할 일들이 많았다. 큰 회사의 대표는 비전을 제시하고 그에 맞는 전략을 구사하면서 적시 적소에 인재를 등용하는 일이 주된 일이지만 작은 회사의 경우 기획, 전략, 마케팅, 인사, 세무를 비롯한 온갖 잡무까지 도맡아서 해야 한다. 여러 회사를 돌며 익혔던 스킬과 견문이 비로써 빛을 발히는 순간이었다. 신변잡기에 능한 스타일인데 이것은 다방면의 일을 경험하면서 쌓인 능력이다.

이 능력이 창업이란 과정에서 아주 요긴하게 쓰였다는 점을 고백한다. 사업이 어느 정도 궤도에 올라 잡지에 소개된 적이 있었다. 그 내용을 보고 가장 먼저 연락이 와서 축하해준 사람은 다름 아닌 20대 시절 나를 질타했던 사람이었다. 당시에 직장을 자주 옮기던 나를 철새에 비유하며 질타했던 사람이었는데 연락이 와서 이렇게 성공할 줄 알았다면서 축하 메시지를 전했다. 기분이 묘했다. 자신이 했던 말을 잊은 건지…… 참 아이러니한 상황이었다.

어찌 되었든 남들에게 질타와 비난을 받았던 나의 경험들은 결국 오늘의 나를 만들어 줬다. 십 년에 가까운 시간이 걸렸지만 없어서는 안 될 소중한 경험들로 자리 잡고 있다.

이 일을 계기로 현재를 바라보는 시야를 재징비할 수 있었다. 현재 상황과 경험들이 모여서 만들어지는 것이 미래라는 것을 깨달을 수 있었다. 이 점을 정확히 인지한다면 불확실한 미래를 걱정하지도 않을 것이며 오히려 자신이 미래를 만들어 갈 수 있다. 전 미국 대통령인 에이브러햄 링컨이 "미래를 예측

하는 가장 좋은 방법은 만드는 것"이라고 말했다. 어쩌면 링컨도 경험의 미래를 체험했던 사람이 아니었을까 생각된다.

대학교 시절에 만나 지금까지 친하게 지내고 있는 친구 K의 이야기이다. 방송영상을 전공한 K는 대학 졸업 후 방송국에 취직해 밑바닥 경험부터 다졌다. 그 후 프로덕션 회사로 옮겨 현장 경험을 쌓은 뒤 영상 제작 전문 회사를 차렸다. 오랜 기간 영상 분야에 몸담아 왔기에 아는 사람도 많았고 소개도 많이 들어왔다. 설립 초기부터 회사는 소개 영업을 통한 매출로 어려움 없이 운영되었다.

그렇게 3년쯤 흘렀을까? 회사 설립 후 3년 차 정도에 찾아오는 데스밸리라 불리는 죽음의 계곡이 찾아온 것이다. 매출은 떨어졌고 신규 영업 선을 찾기가 어려웠다. 회사의 규모를 줄이는 등 갖은 방법을 쓰며 버텼으나 끝내 폐업을 피할 수가 없었다. 친구이자 사업 파트너인 K의 창업 시절부터 폐업까지를 함께한 나는 만감이 교차했다. 누구보다 K의 심정을 잘 이해할 수 있었다.

회사를 정리한 K는 얼마 지나지 않아 필리핀 가이드로 새 출발을 하겠다고 전해왔다. 영상 쪽 일을 줄곧 했었고 친화력이 그다지 좋은 편은 아니라고 생각했던 친구가 가이드를 한다고 하니 의아스러웠다. 낮은 수익성과 전혀 경력과 관련이 없는 일을 한다고 해서 주위의 만류도 있었지만 결국 K는 필리핀 가이드 행을 감행했다.

우려와 달리 K는 가이드 일을 잘 수행하였다. 열심히 가이드 일을 배우며 현지의 동료들과 좋은 관계를 쌓아 나갔다. 그러던 중 소속되어 있는 회사에서 손님들을 상대로 영상물을 제작해야 하는 일이 있었는데 K의 전직을 알고 있던 소장이 그에게 제작을 의뢰했다. K는 전문가답게 의뢰된 일을 해냈고 그 뒤로도 조금씩 영상과 관련된 일들을 맡게 되었다. 그렇게 조금씩 하던 일이 어느새 필리핀 현지 내에서 입소문을 타더니 가이드 본업보다 더 많은 오더가 들어오는 수준까지 이르게 되었다. 가이드 일과 병행하면서 영상 쪽 일도 해야 했기에 몸은 힘들었겠지만, 마음은 행복했으리라 생각된다. 그 후 K는 현지에서 투자를 받아 영상 전문 업체를 설립하게 되었고 지금까지 영상 제작 실력을 유감없이 뽐내고 있다.

우리는 어떤 선택의 과정이나 계획의 수립 과정에서 어떤 것이 좀 더 가치 있고 득이 될까를 두고 많이 고민한다. 그런 다음 고민 끝에 최선이라고 생각한 것을 선택한 후 실행에 옮긴다. 그 결과가 만족할만한 내용이면 그것은 성공적인 선택과 판단이었고 반대로 만족하지 못하는 상황이면 그것은 가치 없는 경험으로 전락하고 만다.

흔히 주로 당장 눈 앞에 펼쳐지는 결과를 두고 성공과 실패를 가늠하는 경향이 있다. 즉, 단기적인 결과나 성과 지표만 보고 판단을 해버리는 것이다. 기업 손익계산서의 당기순이익과 같은 것을 판단할 때는 이런 방법이 맞다. 하지만 우리 삶은 기업의 손익계산서처럼 일률적으로 적용되지 않는다. 살다 보면 엄청난 손해이자 실패였다고 생각한 일들이 훗날 많은 이익과 성공으로 이어지는 경험을 하게 된다.

나는 날마다 성장한다

요즘은 어른부터 아이까지 전부 키가 크고 다리가 긴 체형을 선호한다. 예전에는 키가 크면 싱겁다고 하면서 별로 좋게 생각하지 않았지만, 지금은 누구나 큰 키를 가지고 싶어 한다. 나 역시 어린 시절 큰 키를 동경했다. 초등학교 때까지만 해도 큰 키였는데 남들 다 크는 중, 고등학교 때 시절 키가 크지 않았다. 축구에 빠져 살았는데 그로 인해 성장판이 닫혔는지 중학교 3학년 때의 키가 거의 지금의 키다.

성인이 되고 한참이 지나서도 큰 키를 갖고 싶었다. 다행히 지금은 큰 키에 대해 동경은 없다. 대신 최근 나는 내면의 성장에 대한 욕구가 강해졌다. 신체적인 성장은 제한과 한계가 있지만, 내면적인 성장에는 한계가 없다. 주위에 찾아보면 키 크기 운동이나 키 성장에 관한 내용은 쉽게 나오는데 마음의 성장에 관한 것들은 그다지 많지 않다. 우리 몸이 규칙적인 운동이 필요하듯이 마음 또한 운동이 필요하다. 그러나 대부분 몸을 가꾸는 운동은 열심히 하지만 마음을 가꾸는 운동에는 관심이 없다.

　마음을 다스리고 키우는 방법을 잘 몰라서 못 하는 경우도 많다. 나는 주로 독서를 통해 마음의 근육을 키우는 편이다. 책을 읽다가 좋은 내용이나 배울 것들이 나오면 따로 발췌해두었다가 실생활에 적용해 본다. 특히 행동 양식도 그렇지만 마음을 써야 하는 부분들을 상황 발생 시에 마음에 적용해본다.

　막상 일어난 상황에 대입해서 적용을 해보니 책에 적힌 것처럼 단순하거나 쉽지 않았다. 책을 읽을 때는 고개를 끄덕이며 그렇다고 생각했던 것들이 실제 내게 일어나니 화부터 나고 마음이 쉽사리 진정되지 않았다. 그래서 여기에는 많은 연습과 훈련이 필요했다.

　독서의 유용성에 대해서는 우리 모두 익히 들어왔다. 그런데도 책을 읽는데 투자하는 시간과 에너지는 그리 많지 않은 듯하다. 그 이유에 대해 생각해보니 먼저 책을 읽는 것이 습관화되지 않은 점과 독서의 효과가 즉각적으로 나타나지 않는다는 점을 들 수 있겠다. 책을 읽는다고 해서 바로 인생이 변화한다든지 경제적 수입이 증가하는 등의 현상은 나타나지 않는다. 읽는 중에는 내용에 공감하며 변화의 의지가 활활 타오르다가 책을 놓고 현실에 돌아와서 생활하다 보면 어느새 책을 읽기 전 본래의 모습으로 돌아와 있는 것을 한 번쯤은 경험해 보았을 것이다. 그렇다고 해서 실망할 필요가 없다.

　여기까지의 과정은 누구나 겪는 당연한 일이기 때문이다. 어떤 행위나 일에 습관을 들인다는 것은 생각보다 어려운 일이다. 우리의 뇌는 익숙하지 못한 행위에 대한 호의적이지 못하다. 물론 뇌가 좋아하는 호르몬이 분비되는 행위는 예외다. 이 예외적인 행위의 경우는 반복적으로 자주 하게 되고 그 결과 습관으로 자리 잡는 경우도 있다. 반대의 경우는 반복적으로 자주 하는 과정 자체가 매우 힘들다. 우선 뇌를 비롯한 신체의 저항을 받을 것이고 그것을 강한 의지력으로 견뎌내야 한다. 그런데 이 의지력이라는 것도 그리 믿을만한 것이 못된다. 사람의 의지력과 정신력도 신체에 지대한 영향을 받기 때문이다.

그럼 어떻게 해야 습관을 잘 만들고 유지할 수 있는 것일까? 우선 작은 실천 계획과 보상에 관한 계획을 세워야 한다. 높은 기대를 하지 말고 잘게 나눈 계획을 반복해서 실행할 수 있어야 한다. 실행 뒤에는 반드시 자신만의 보상이 주어져야 하며, 목표를 초과 달성하는 것으로 바꾸지 않아야 한다. 이런 사이클을 통해 습관으로 만들 수 있다면 유지하는 것은 어렵지 않을 것이다. 습관화되어 버린 행동은 뇌가 자동으로 움직이기 때문이다.

그래서 습관이 무서운 것이다. 모든 행동은 그것을 하느냐 마느냐에 달린 것이 아니라 그것을 얼마나 오랫동안 지속해서 할 수 있는가에 달려있다. 독서의 경우도 마찬가지다. 책을 한두 권 읽는 게 중요한 것이 아니라 책을 읽는 습관을 만들어서 지속해서 책을 읽을 수 있느냐가 중요한 것이다. 물이 100℃에서 끓듯이 독서를 비롯한 모든 일에는 임계점이 존재한다.

그 임계점에 도달하기 전에는 아무런 변화가 없는 것처럼 보이거나 느껴질 수 있다. 그래서 계속 노력을 하고 있는데도 불구하고 변하지 않는 상황에 쉽게 포기하기도 한다. 여기서 잘 생각해봐야 할 것이 있다. 과연 상황이 변하지 않고 있는 것일까? 모든 상황은 서서히 변하게 되어있다. 물도 1도씩 온도를 높여가며 끓는점에 도달하듯이 우리의 상황도 조금씩 바뀌면서 큰 변화를 끌어내는 것이다.

최근 기업의 경영도 환경의 보존도 지속가능성을 화두로 내세우고 있다. 독서의 지속가능성을 위해서도 책을 읽는 습관을 들이도록 하자. 앞에서도 말했듯이 무의식은 언제나 의식을 이긴다. 책 읽는 것을 습관으로 만들어서 지속할 수 있는 독서를 하자.

나는 평소 교육받는 걸 좋아한다. 시간이 허락하는 선에서 각종 세미나와 강연회 등을 자주 찾는다. 학창 시절만 하더라도 교육은 질색이었는데 나이가 들면서 식성이 변하듯 체질도 변한 듯하다. 얼마나 교육을 자주 받았으면 주변의 친구에게서 교육 좀 그만 받고 돈을 벌라는 소리를 정도다. 그런 소리를 들을 때면 돈을 버는 활동과 교육을 받는 것이 별개의 것인가에 생각해본다. 겉으로 봤을 때 교육을 받는 것이 돈을 버는 활동이 아닐 수도 있다. 오히려 돈을 내고 교육을 받는 경우가 많으니 돈을 쓰는 활동이라고 생각할 수도 있지만, 교육을 받는 것은 여러 가지 면에서 돈 버는 것에 상응하는 남는 장사다.

우선 생산적인 측면만 보더라도 교육을 받음으로 인해 자신의 일터나 업무에 적용해 생산성을 높일 수 있다. 이렇게 높아진 생산성은 실적이나 진급으로 이어져 결국 돈을 더 벌 수 있게 되는 것이다. 또한, 교육을 통해 기존에 몰랐던 정보나 기술을 습득함으로 새로운 기회를 포착할 수 있다. 기회를 포착함으로 새로운 분야로의 확장은 물론 인적 네트워크와 재화의 증식도 도모할 수 있다. 즉 교육이란 것은 투자의 개념이지 소비의 개념이 아니다.

성장기 아동들은 자라면서 기질적 이상 없이도 하지에 통증을 겪는 경험을 한다. 성장통이라고 하는 것인데 원인에 대해서는 밝혀진 바가 없다. 보통 신체 활동을 과도하게 한날에 통증이 생긴다고 한다.

그렇다면 어른들은 과연 이 성장통을 겪지 않을까? 내 경험상 성인이 되고 나서는 육체의 성장통은 없지만, 마음의 성장통은 겪는다. 마음이라는 것은 육체의 키처럼 일정 시기가 되면 더 자라지 않는 것이 아니고 자신의 의지에 따라서 평생 자라 날수도 있다. 이 마음이 성장할 때마다 겪게 되는 것이 마음의 성장통이다.

마음의 성장통은 육체의 성장통에 비교해 훨씬 더 많은 고통을 수반하며 통증의 기간도 상당히 오래간다. 대신 마음의 성장통은 겪고 나면 전과는 비교할 수 없을 정도로 커져 있다.

나는 이 마음의 성장통을 자주 겪어왔다. 많은 경험을 의도적으로 찾아서 하다 보니 그런 것일 수도 있겠다. 하나의 경험에는 반드시 여러 가지 감정과 상황들이 발생한다. 즐거움, 기쁨, 우울함, 짜증, 보람, 슬픔, 허무, 놀람, 불쾌함, 상쾌함 등 수 많은 감정을 수반한다. 그 감정들 속에서 희로애락을 느끼고 자신이 겪은 경험에 의미와 가치를 부여한다.

몇 년 전 사업에 어려움이 찾아와서 머리가 복잡하던 시절이었다. 무언가 새로운 돌파구나 활력소가 필요했고 고민 끝에 몸을 쓰는 운동을 하기로 마음먹었다. 워낙 운동을 좋아하는 편이고 웬만한 운동은 다 해봤기에 새로운 것에 도전하기로 했다. 암벽 타기 등 몇 가지 후보군을 찾은 끝에 오래전부터 배워보고 싶었던 운동인 테니스를 시작하기로 했다. 테니스는 다른 운동과 달리 쉽게 접하기가 어려웠는데 그 이유 중 하나가 할 수 있는 곳이 별로 없었다. 수소문 끝에 시에서 운영하는 사회체육센터에 등록해 첫발을 내디딜 수 있었다.

다른 운동도 많이 해봤고 나름대로 운동 신경도 있다고 생각했기에 테니스 역시 잘 할 수 있을 거라 생각했다. 나의 이런 헛된 희망은 시작한 지 일주일 만에 산산이 무너졌다.

막상 해보니 테니스는 운동 신경으로 하는 운동이 아니었다. 물론 어느 정도 운동 신경은 필요로 하겠지만 완전히 다른 차원의 운동이었다. 반복되는 몸의 동작으로 익히는 운동. 즉 많은 시간과 노력이 필요한 운동이었다. 시작하기 전의 자신감은 이미 좌절로 바뀌었었고 이러려고 테니스를 시작했나 하는 자괴감까지 들었다. 가르쳐 주셨던 코치님께 나중에 들은 이야기지만 처음에 나를 보고 저 친구 이 운동을 할 수 있을까 하는 생각까지 하셨다고 하니 그때의 좌절이 어느 정도였는지는 여러분의 상상에 맡기겠다.

한번 시작한 이상 경험 디자이너의 자존심상 그대로 물러설 수는 없었다. 칼을 빼 들었으면 무라도 베라고 하지 않았던가. 포기하지 않고 속도가 늦더라도 끝까지 해보자는 심정으로 3개월 정도 스윙 연습에 매달렸다. 인터넷으로 동영상을 보면서 연구하고 도서관에서 관련 서적까지 찾아 읽었다.

시간이 모든 걸 해결해 준다고 했던가. 아니면 내 노력의 보상이었을까. 테니스에 입문한 지 6개월 되던 무렵. 난 게임을 할 수 있는 실력까지 도달할 수 있었다. 참고로 일반적으로 테니스를 처음 배우기 시작하고 게임을 하기까지는 평균 1년 정도의 시간이 걸린다. 안될 것으로 보이는 일들도 막상 해보면 쉽게 풀리고 불가능하다고 생각했던 것들도 도전하고 꾸준히 노력하면 끝내 이루어지는 경우가 많다. 앞에서도 말했지만, 성장의 과정에는 반드시 성장통을 겪게 되어있다. 그 통증이 두려워서 성장하는 걸 피하지 말자.

일단 시작하라

'시작이 반이다.'

시작의 중요성과 시작의 어려움을 내포하고 있는 말이라고 생각한다. 무엇이 되었든 간에 처음이 어렵고 첫 시작이 가장 어렵다. 그 이유는 실패에 대해 두려움도 있겠지만 게으름이 절반 이상을 차지한다고 본다. 나는 의사결정을 할 때 생각을 오래 하는 편이다. 주위의 사람들에게 조언도 많이 구해보고 정보도 많이 수집한 다음 종합적으로 판단해서 결정을 내리는 편이다. 그러다 보니 시간이 걸리는 편이고 이런 내 모습을 보고 의사결정이 늦다고 말하는 사람들도 종종 있다. 하지만 결정이 서고 나면 그다음 실행까지의 속도는 타의 추종을 불허한다. 번개와 같은 속도로 실행에 옮긴다. 앞의 의사결정 과정을 모르는 사람이 봤을 때는 아무 생각 없이 즉흥적으로 행동하는 것 같이 보여 놀라움을 나타내는 경우도 더러 있었다. 이러한 과정을 거치면서 느낀 점은 역시 첫 시작이 가장 어려웠다는 점이다.

외국어를 처음 배울 때도 내가 과연 잘 할 수 있을까? 이 공부가 꼭 필요한 것일까? 수많은 의문과 부정적인 생각이 들었다. 그런 생각들을 떨쳐내고 실행에 옮기기까지 제법 많은 시간을 허비했다. 그런데 막상 실행하면 잘했다는 생각이 들고 좀 더 빨리 시작하지 못한 것에 대한 후회가 되었다. 물론 반대의 경우도 있었다. 여러 가지 판단한 후에 괜찮을 것 같아서 시작했던 것이 해보니 별로였던 경험도 있다. 그런 경우에는 괜히 시작했다며 자신을 자책하며 중도에 그만둔 적도 많다. 많은 시작과 포기 등을 경험하며 느낀 점은 어떤 계획이나 결정이 섰을 때는 우선 시작하고 나서 판단하는 것이 좋다는 것이다. 시작하기 전에는 그것이 좋은지 나쁜지 전혀 알 수가 없다. 주위의 소문과 자신의 머릿속에서만 평가될 뿐이다. 그런데 일단 시작하고 나면 직접 체험을 통해 확인할 수 있다. 물론 여기에는 시간과 에너지와 같은 일정의 수업료가 들어간다. 자본주의 세상을 살아가는 이상 세상에 공짜 없다는 것은 모두 알고 있을 것이다.

이전에는 미사일 발사 시에 조준을 하고 발사한 다음 궤도를 수정해서 다시 발사하는 방법을 택했다고 한다. 그런데 요즘에는 발사한 다음 궤도를 수정해서 조준 후 발사를 한다고 한다. 이것을 우리 삶의 원리에 적용해보면 전에는 계획한 다음에 실행하고 수정하는 방식이었다면 지금은 실행을 먼저하고 수정 후 다시 계획하는 방법으로 적용되는 것이다. 이것이 급변하는 지금 시대에 우리가 취해야 할 전략이다. 무엇보다도 실행이 가장 우선순위에 놓여 있는 것이다.

창업을 처음 시작하려 했을 무렵, 내 머릿속에는 여러 가지 부정적인 생각들로 가득했다. 흔히 말하는 창업을 하기 위한 3가지 요소 즉, 돈이 없었고 기술도 없었으며 인맥이 없었다. 창업이라는 것은 책이나 TV 속에서나 보아온 내용이었고 주위에 창업을 한 사람도 없어서 자문할 때도 없었다. 어디서부터 어떻게 시작해야 하는지조차 모를 정도로 막막했다.

그렇다고 창업을 하지 않고서는 달리 방법이 있는 상황도 아니었다. 어떻게든 창업을 해야 하는 상황이라서 죽기야 하겠냐는 심정으로 첫발을 내디뎠다. 막상 사업자 등록증을 내고 하나하나 몸으로 배워가면서 진행해보니 생각처럼 힘들거나 어렵지는 않았다. 장애물이 나타날 때마다 온 힘을 다해 뛰어넘었고 신기하게도 한쪽 문이 닫히면 다른 쪽 문이 열리는 것이었다. 그렇다고 창업의 과정이 쉬웠다는 것은 아니다. 다만 시작하기 전에 생각했던 부정적인 최악의 상황들은 현실로 나타나지 않았다. 또한 부족하고 약하다고 생각한 부분들이 오히려 장점으로 작용한 사례들이 있었다.

앞서 소개한 제주도 무전여행의 경우도 마찬가지였다. 젊은 혈기와 열정 하나만 가지고 아무런 계획과 대책 없이 저지른 일이었다. 뒷일은 그때 가서 생각하고 일단 저지르고 보자는 심정으로 시작한 무전여행은 별 탈 없이 엄청난 추억으로 끝낼 수 있었다. 물론 크고 작은 에피소드들은 있었으나 다시 그때로 돌아간다면 망설임 없이 같은 선택을 할 것이다.

신기하고 재미있는 점은 일단 시작해서 진행해보니 주위에서 도와주는 사람이 나타나고 말도 안 되는 상황도 어떻게든 해결이 되었다는 것이다. 이것이 사람의 의지 때문인지 양자물리학에서 말하는 어떤 에너지의 도움인지는 정확히 모르겠으나 확실한 점은 시작만 하면 나머지는 어떻게든 해결이 된다는 점이다. 경험을 통해 직접 이 점을 깨달은 뒤로는 어떤 일을 시작하면서 두려움이나 망설임이 없어졌다.

물론 실행하기 전 오랜 의사결정 과정을 거치는 것은 예전이나 지금이나 같다. 하지만 실행에 옮기는 순간만큼은 조금의 망설임도 없이 과감하게 추진한다. 왜? 시작하면 해결된다는 법칙을 알기 때문이다.

많은 경우 새로 시작하는 것을 어려워하거나 두려워한다. 시작도 하기 전에 끝을 생각하기 때문이다. 전체 과정을 생각하니 도저히 시작할 엄두가 안 난다. 그러다 보니 머릿속에서 계획으로만 머물다 사라지는 경우가 허다하다.

쉽게 시작하려면 무게 있는 용기보다는 가벼운 마음이 필요하다. 해보고 별로면 멈춘다. 또는 일단 시작하고 나서 생각은 다음에 한다는 등의 생각 비움이 필요한 것이다.

그렇지 않고서는 시작도 하기 전에 포기한다든지 무거운 생각에 발목이 잡혀 계획만 수년째 하게 되는 경우도 생긴다. 완벽한 계획이란 있을 수 없는 법이다. 더 나은 계획과 생각은 시작하나 보면 또 생겨난다. 우리 뇌는 평상시나 안정적인 상황에서 큰 역량을 발휘하지 않는다. 문제에 봉착하거나 어려움에 빠졌을 때 그것을 해결하려는 방법을 찾기 위해 열심히 가동된다. 그럴 때 창조적인 발상이 떠오르고 참신한 아이디어가 창출된다. 역설적이긴 하지만 의도적으로 문제 상황을 만들어야 한다는 이야기인데 그러기 위해서는 저지르는 수밖에 없다. 저지르면 그것을 수습하기 위해서 방법을 찾게 되고 그 과정에서 문제의 핵심에 들어갈 수 있게 되는 것이다.

어떤 위대한 일도 시작이 있어야 가능하다는 말이다. 여러 가지 상황이나 조건들을 고민하면서 주저하면 기회를 놓치고 만다. 그러니 일단 시작해야 한다. 건강한 육체와 정신을 원한다면 운동과 명상부터, 소중한 사람들과 소통하고 싶으면 편지나 전화부터, 책을 쓰고 싶다면 제목과 목차부터 시작해야 한다. 나이가 적거나 많아서, 여건이나 상황이 되지 않아서 등의 여러 이유로 시작하기를 미루고 있다면 머뭇거리지 말고 시작해보자.

주저하지 말고 일단 시작하라. 임종을 맞이하는 사람들에게 살면서 가장 많이 후회되는 것이 무엇이냐는 질문에 대다수가 좀 더 많은 경험을 해보지 못한 것들이 후회된다고 답했다. 대개 나이가 많은 어르신의 경우를 제외하고는 대부분 죽음을 생각하지 않고 산다. 누구나 영원히 살지 못한다는 것은 알고 있지만, 영원히 살 것처럼 행동하며 살기도 한다. 경험은 나이와 관계없이 가능한 것이지만 신체적 제한, 사회적 제한으로 인해 특정 연령대에서만 가능한 경험들도 있다. 특정 시기를 놓치면 나중에 하고 싶어도 못하는 경험이 있다는 것을 의미한다.

이러한 점을 숙지한다면 우리는 경험에 대해 더욱 적극적이고 개방적인 자세를 취해야 할 것이다. 최대한 많은 경험에 노출될 수 있는 환경을 만들며 기회가 왔을 때 머뭇거리지 않고 능동적으로 맞이해야 한다. 직접 겪는 경험은 진정으로 살아있음을 느끼게 해줄 뿐 아니라 존재의 가치에도 많은 의미를 부여해 줄 것이다.

우리는 새로운 시작을 앞두고 스스로 질문해봐야 한다. 진실로 중요한 것들을 위해 살아가고 있는지……. 또 진실로 중요한 경험을 하고 있는지를 말이다.

누구나 자신만의 속도가 있다

한국인의 문화를 가리켜 빨리빨리의 문화라고 한다. 농경사회에서 산업사회로 넘어오면서 이것은 정설로 자리 잡기 시작했다. 그도 그럴 것이 항상 빠른 속도로 일을 처리해야 하고 마감에 시달리면서 자연스럽게 형성되었을 것이다. 한강의 기적을 끌어낸 원동력이면서 동시에 사고 공화국의 원인이기도 한 빨리빨리 문화, 혹자는 한국이 다른 나라에 비교해 빠른 속도로 발전한 것이 빨리빨리의 민족이기 때문이라고도 말한다.

어느 정도 일리 있는 말이라고 생각한다. 그런데 요즘 보면 이 빨리빨리의 문화에 의한 부작용들이 속출하고 있다. 정확하지 않더라도 작업을 빠르게 처리하는 사람을 유능하다고 생각하는 경향 때문에 건물을 지을 때 부실공사를 해서 건물과 다리가 붕괴되는 참사가 일어나기도 했다.

확실히 산업시대에는 이런 시대정신이 필요했을 것이다. 그것으로 인해 눈부신 발전을 이룬 것 또한 부정할 수 없는 사실이다. 그러나 지금은 시대가 변했다. 바뀐 시대에는 그에 걸맞은 새로운 문화와 시대정신이 필요하다.

흔히들 속도의 빠름만 생각한 나머지 간과하고 지나치는 게 있다. 속도보다 더 중요한 것은 방향이다. 아무리 빠른 속도로 갈 수 있다고 쳐도 그것이 잘못된 방향이면 모든 게 허사가 된다. 반면 속도가 조금 느릴지언정 바른 방향이라면 결국 목표에 도달하게 된다. 그런데도 왜 많은 사람이 방향보다는 속도에 집착하게 되는 것일까?

여기에는 빨리 이루고자 하는 조급한 심적인 측면도 있겠지만 다른 사람이 비교의 대상이 되는 기준적인 측면도 크다고 할 수 있겠다. 다른 사람보다 빨리 가려고 하니 자신만의 페이스가 아닌 다른 사람의 페이스에 맞추려 하고 결국 이것은 오버페이스로 이어진다. 그래서 중간에 포기하거나 완주를 하지 못하는 경우가 생기는 것이다.

잘못된 방향이 아니라면 속도의 빠름과 느림은 중요하지 않다. 얼마든지 자신만의 페이스로 달려도 된다는 말이다. 인생은 단거리 경주가 아니라 장거리 마라톤과 같다. 마라톤에서 중요한 것은 자신의 페이스를 잘 유지하는 것이지 순간을 얼마만큼 빨리 뛸 수 있느냐가 아니다.

마라톤 경기를 보고 있으면 최종 우승하는 사람은 초반에 선두를 지킨 사람도 중반에 빨리 뛰는 사람도 아닌 자신만의 페이스를 지킨 사람이 우승을 차지한다. 자신의 페이스를 끝까지 지킬 수 있으려면 전략도 필요하지만, 그에 상응하는 자신감과 주위의 시선도 차단할 수 있어야 한다.

주위 사람들이 빨리 뛴다고 나까지 거기에 맞춰서 빨리 뛰면 안 된다. 자신의 기준이 명확하지 않고 자신감이 결여되면 세상의 기준에 휩쓸려 판단하게 되고 그 기준에 미흡하게 될 경우 자신을 자책하거나 자괴감을 느끼게 된다. 이를 위해서는 올바른 방향 설정이 가장 우선시되어야 하고 그다음 자신만의 속도를 지킬 수 있는 전략과 자신감이 필요하다.

내 개인적인 성격을 잠시 이야기하자면, 평소에는 차분한 편이나 특정 상황이 생기면 엄청 급한 성격으로 돌변하면서 신경질적이고 편집증적인 면모도 보인다. 빨리 그 일이 해결 안 되면 계속해서 그것에 정신이 팔려 다른 일에까지 영향을 주는 편이다. 특히나 업무나 일에 관련된 것이면 이 증상이 더욱 심해지는데 그나마 사업을 하면서 이러한 성향이 조금은 약해졌다. 워낙에 돌발적이고 예상치 못한 일들이 많이 생겼기 때문이다. 약해졌다고 해도 아예 없어진 것이 아니기에 상황에 따라서 언제든지 나올 수 있다. 그런 점을 잘 아는 나는 상황 발생 시 자신을 다독이며 조절하려고 노력한다.

그러나 이성보다 앞서는 것이 사람 감정이 아니겠는가. 부단한 노력에도 내 안의 헐크는 언제든 뛰쳐나올 기회를 엿보고 있다. 이런 성격 탓에 조용히 넘어갈 수 있는 일도 사건화된 적이 많고 받지 않아도 될 스트레스를 온몸으로 받아야 했던 적도 많다. 주위에서는 이런 나를 보고 아직 청춘이라고 놀리기도 하지만 잘 고쳐지지 않았다. 아니, 좀 더 솔직히 표현하자면 고치고 싶지 않았다. 정의의 사도까지는 아니지만, 아닌 것은 아니라고 말하며 살고 싶었고 잘못된 것은 바르게 고치고 싶었다.

다시 속도 이야기로 돌아와서 첫 창업을 시작했을 때 겪었던 일이다. 주위의 친구들은 거의 취업을 했고 취업이 빨랐던 친구들은 대리나 주임의 직급을 달고 있었다. 나는 비록 명함에는 대표의 직위가 적혀 있었지만 들어오는 수입은 일반 회사의 인턴도 안 되는 수준이었다. 그나마 인턴 정도의 수입이 들어오는 달은 괜찮은 달이었고 대부분 통장에 마이너스가 찍혔다. 창업 초반에는 투자라고 생각하고 마이너스에도 연연하지 않았으나 시간이 길어지면서 걱정을 넘어 고민에 빠지게 되었다. 또래 친구들은 직급이 오름에 따라 연봉도 올라가고 있었는데 오히려 나는 마이너스에서 벗어나지 못하고 있었다. 상황이 이러니 지금이라도 그만두고 취업을 해야 하는 것이 아닐까 하는 생각이 들 정도였다.

모두가 앞을 향해서 빠른 속도로 달려나가고 있는데 나 혼자만 뒷걸음질 치고 있는 심정이었다. 특히 다른 사람이 아닌 주변의 친구들이랑 비교가 되면서 시작할 때의 확신은 줄어들고 있었고 자신감마저 바닥을 치는 단계에 이르렀다. 그런데도 이렇다 할 돌파구는 보이지 않았고 주위의 것들에만 신경이 쓰였다. 성공 창업에는 시간이 걸리는 법이라면서 자신을 위안도 해보고 성공학이나 동기부여에 관련된 서적을 읽으면서 마음을 잡으려 애썼다. 노력만으로는 안 되는 것이 있다는 것을 절실하게 깨달은 시간이었다. 그 후로도 나는 세상이라는 속도의 굴레에서 벗어나지 못했다.

세상의 기준에서 봤을 때 특정 연령대에 꼭 해야만 하는 것들이 있었다. 특정 나이에는 공부해야 하고 또 특정 시기에는 취업을, 진급을, 결혼해야 하는 통과 의례와 같은 것들이 정해져 있었다. 그 속도에 맞춰 이행하지 못하면 마치 실패자나 낙오자가 된 듯한 시선과 대우를 받기도 한다.

나 역시 그러한 시선과 환경에서 벗어날 수 없었다. 그 기준에서 봤을 때 나는 낙오자였기 때문이다. 처음 창업했을 때 격려와 부러움을 줬던 시선들은 어느덧 안타까움과 측은함의 시선으로 바뀌 있었다. 결단을 내려야 하는 순간이었다. 이대로 낙오자가 된 채 포기하고 다시 출발선으로 돌아가 그들을 따라잡기 위해 노력할 것인지, 세상의 속도가 아닌 나만의 속도로 늦더라도 완주를 할 것인지에 대해서 말이다. 상당한 고민과 성찰 끝에 후자를 택했다. 비록 늦은 속도였지만 내가 힘들게 달려온 길을 없애고 싶지 않았고 이왕 늦은 것이라면 나만의 속도로 승부를 내고 싶었다.

모든 것을 내려놓고 나만의 방향과 속도에 집중하니 주변의 것들이 잘 보이지 않았다. 내가 가야 할 명확한 길들이 더욱 선명하게 보이기 시작했으며, 세상의 속도와 기준에서 점점 자유로워질 수 있었다. 그렇게 시간이 지날수록 점점 나만의 리듬을 만들어 냈고 그 리듬에 맞춰 한발 한발 앞으로 나아갔다.

중국 동부지역에 자생하는 '모소'라는 이름의 대나무가 있다. 이 대나무는 씨를 뿌리고 4년이 지나도 불과 3cm밖에는 자라지 못한다고 한다. 이것을 본 사람들은 대나무가 죽었다고 생각했다고 한다. 그런데 재미있는 것은 이 대나무가 4년이 지나고 5년째가 되면 하루에 30cm씩, 6주 만에 15m가 넘는 거대한 대나무로 성장을 한다고 한다.

얼핏 생각하면 이 대나무는 아주 짧은 시간에 폭발적인 성장을 한 것처럼 보인다. 하지만 그것이 아니다. 4년이라는 시간 동안 땅속에서 끊임없이 뿌리 내리는 작업을 한 것이다. 땅속 사방팔방으로 수백 미터에 걸쳐 뿌리를 뻗은 뒤에 그 뿌리로부터 엄청난 자양분을 얻어 자랄 수 있었다. 즉, 어둠 속에서 4년이라는 인고의 세월을 견뎌 냈기에 놀라운 성장이 가능했다. 세상의 속도가 아닌 자신만의 전략과 속도로 엄청난 결과를 만들어 낸 모소 대나무 이야기는 우리에게 많은 시사점을 안겨준다.

어떤 성공도 인고의 시간을 거치지 않고서는 이루어 낼 수 없다. 설사 그것이 운 좋게 이뤄졌다 하더라도 오래가지 못한다. 오랜 시간 엄청난 노력을 했음에도 성과가 없어서 포기하고 싶거나 심신이 지치고 힘들 때 이것만은 꼭 기억하자. 그것은 성장하지 않는 것이 아니다. 땅속 깊이 아주 견고한 뿌리를 내리고 있는 과정이다. 그리고 때가 되면 반드시 세상을 깜짝 놀라게 할 성공을 가져다줄 것이다. 오늘도 삶이라는 마라톤에서 자신만의 속도로 가고 있는 모든 사람에게 응원의 박수를 보낸다.

열정과 삽질 사이

어떤 일에 애정을 가지고 열중하는 마음을 가리켜 열정이라고 한다. 그 대상은 일이 될 수도 있고 사람이 될 수도 있고 취미도 될 수 있다. 간혹 모든 것에 열정적인 사람도 있다. 아주 부러운 케이스다.

나는 사물이 되었든 일이 되었든 간에 흥미가 가는 것에 대해서만 선택적으로 열정을 쏟는 타입이다. 왜 매사에 열정적이지 못하냐고 묻는다면 그다지 넘치는 에너지의 보유자가 아니기에 나름대로 전략이라고 항변하고 싶다.

열정을 쏟을 주체가 있다는 것은 행복한 일인 동시에 한편으로는 힘든 일이 되기도 한다. 열과 성의를 다해 어떤 일을 이루고자 노력했는데 예상한 결과에 못 미치거나 아예 엉뚱한 결과로 다가오기도 한다. 이럴 때 그간의 과정을 헛된 노력 즉, 흔히 하는 말로 삽질을 했다는 생각이 든다.

지금까지의 내가 걸어온 과정들을 돌아보면 삽질의 연속이었다고 해도 과언이 아니다. 수많은 노력과 시도를 했었고 그 중 예상대로 진행되거나 이뤄진 일은 십 분의 일도 안 된다. 그런데도 아직 나의 삽질은 계속되고 있다. 물론 열정이 처음보다 식은 것은 부인할 수 없는 사실이다.

최근 몇 년 사이에 가장 열정을 쏟은 일을 손꼽자면 취미 활동인 테니스를 빼놓을 수 없다. 사람이 되었든 취미가 되었든 간에 무언가에 한 번 빠지면 쉽게 헤어 나오지 못하는 성격이다. 빠지는 순간 편집증적인 성향이 나오기 때문에 평소에 무언가에 빠지지 않도록 주의를 기울인다. 그런데 취미로 시작한 테니스의 매력에 빠져버린 것이다. 아니, 중독되어 버린 것이다.

테니스는 라켓을 이용하여 공을 네트 위로 주고받는 스포츠이다. 모든 스포츠가 그러하듯이 테니스도 기본자세가 매우 중요하다. 나중에 알게 된 사실이지만 테니스 자체가 중독성이 강한 운동이었다. 테니스의 중독 원인에 대해 곰곰이 생각해봤는데 첫째, 공을 칠 때 라켓을 통해 손과 몸으로 전해지는 타구감이 어떤 형용사로도 표현하기 어려울 만큼 환상적이다. 물론 공이 라켓 한가운데 정확히 맞았을 때만 이것을 느낄 수 있다는 아쉬움이 있지만, 실력의 향상됨에 따라 문제 되지 않는다.

둘째, 공을 치는 순간 뇌의 상태가 진공의 상태에 이르게 된다. 즉, 무념의 상태에 이르는 데 공을 친다는 생각 외에는 어떠한 잡념도 들지 않는다. 아마 가장 손쉽게 수행자의 뇌 상태를 경험할 수 있는 방법이 아닐까 생각한다. 이외에도 2명에서 4명이 있어야만 게임을 할 수 있는 사교적인 부분이 있고, 운동과 게임의 요소를 두루 갖춘 부분이 중독 요인으로 작용한다.

시간이 날 때면 항상 코트장으로 향했고 심지어 개인적인 약속은 물론 비즈니스 약속까지 취소하면서 테니스를 쳤다. 사실 이 정도면 중독이 아니고 병이었다. 한여름의 따가운 햇볕도, 한겨울의 매서운 추위도 테니스에 대한 열정을 꺾지 못했다. 한번 코트장에 나가면 해가 저물 때까지 밥도 굶어가며 치기도 했다. 평소에 밥을 한 끼만 굶어도 엄청 예민해지는 성격이라서 웬만해서는 끼니를 거르지 않는데 테니스 칠 때 만은 예외였다. 아침부터 저녁까지 오랜 시간을 치는데도 불구하고 허기를 느끼지 못했고 물만 마셔가며 온종일을 치기도 했다.

해가 갈수록 실력이 향상되면서 느끼는 재미는 더욱 배가되었다. 동호회 형식의 클럽에도 가입했고 각종 대회에도 참가했다. 마치 테니스 선수를 하기 위한 사람처럼 많은 시간과 에너지를 쏟았다. 얻는 것이 있으면 잃는 것이 있는 게 세상의 순리던가.

테니스에 빠져 일과 사람을 소홀히 한 나머지 사업상의 문제가 생기기도 했다. 또한, 신체를 과 사용해서인지 오른쪽 새끼손가락이 수면 중 저절로 접히는가 하면 한번 접힌 손가락이 잘 펴지지 않는 증상이 생겼다. 별다른 통증은 없었기에 별일 아니라고 여기고 계속 테니스에 매진한 삶을 살았다. 그렇게 테니스에 미쳤다는 소리를 들으며 몇 년을 살았다. 그러던 중 올 것이 와버렸다.

클럽 소속으로 대회에 참가한 어느 날이었다. 대회 며칠 전부터 손목에 잔잔한 통증이 있었는데 대회 당일 갑작스럽게 손목에 엄청난 통증이 찾아온 것이다. 대회는 무사히 마칠 수 있었지만, 다음 날 자고 일어나니 손목이 완전히 나가버렸다. 주위에 수소문하여 용하다는 의사를 찾아가서 치료했다.

본인도 테니스를 친다는 의사는 별 것 아닌 듯 진단을 내렸고 그 말을 믿은 나는 아픈 손목에 붕대를 감고 테니스를 치는 열정을 발휘했다. 치고 나면 엄청난 통증이 찾아왔다. 병원에 가서 주사를 맞고 와서 다시 치는 생활을 3개월이나 했다.

지금에 와서 고백하건대 이것은 열정이 아니라 굉장한 삽질이었다. 3개월 뒤 내 손목은 돌아오지 못할 강을 건너버리고야 말았기 때문이다. 그 후 테니스와의 이별은 물론 정형외과부터 통증의학과를 비롯해 한의원 등 안 가본 병원이 없을 정도로 많은 곳을 다녔다. 인대치료, 도수치료, 벌침 치료, 민간요법 등 갖가지 치료에도 손목은 정상으로 돌아오지 않았다. 더 황당한 것은 MRI, 초음파검사, 신경 전도검사를 비롯해 무수한 검사에도 정확한 병명이 나오지 않는 것이었다.

손목의 통증으로 일상적인 생활이 힘들었다. 밥을 왼손으로 먹어야 했으며, 글도 왼손으로 써야 하는 등 오른손 자체를 아예 사용하지 못하는 수준이었다. 수시로 찾아오는 통증과 오랜 시간 계속해서 병원에 다니는 것도 힘들었지만, 가장 힘들었던 점은 테니스를 치지 못하는 것과 어쩌면 앞으로도 영원히 테니스를 칠 수 없겠다는 절망감이었다. 성격은 신경질적으로 변했고 매사에 조그마한 일에도 짜증과 화가 났다. 일터와 사회에서 말썽이 자주 생겼고 정신과 몸은 점점 피폐해져 갔다.

상황이 여기까지 이르자 내 안의 분노는 표출할 누군가를 찾기 시작했다. 그 대상은 다름 아닌 부상 후 처음으로 찾아간 의사였다. 그 의사가 처음 진단 시 당분간 테니스를 치지 말라고 말했거나 깁스를 하게 했다면 이런 일이 일어나지 않았을 텐데 상황의 모든 원인은 그 의사에게 있는 것이라며 원망하고 분노했다. 그런데도 달라지는 것은 아무것도 없었다.

일 년이 넘는 시간 동안 손목 치료만 하고 살았다고 해도 무리가 아닐 만큼 내 삶의 중점에는 손목 치료가 있었다. 태어나서 이보다 심하게 다친 적도 수없이 많지만, 치료 기간이 일 년이 넘어가는 경험은 처음이었다. 주로 사용하는 오른손이었고 통증으로 인해 정상적인 생활이 어려웠기에 어떻게 해서든지 빨리 낫고 싶은 마음뿐이었다.

지성이면 감천이라 했던가. 꾸준히 치료에만 전념한 지 2년째 되던 해 손목에 차도가 생기기 시작했다. 미미했지만 통증이 조금씩 약해졌고 손목을 움직일 수 있는 각도도 넓어졌다. 너무나 기쁜 나머지 눈물이 날 정도였다. 그렇게 아주 조금씩 내 손목은 나아졌고 일상생활은 무리 없이 할 정도로 돌아왔다.

하지만 아직도 테니스는 치지 못한다. 테니스까지 칠 수 있을 정도가 되었다면 더할 나위 없이 좋았겠지만, 일상생활에 불편함이 없을 정도만 하더라도 감사할 따름이다. 열정과 삽질 사이에서 발생한 2년이라는 고통의 시간. 두 번은 겪고 싶지 않은 경험이었다. 하지만 분명 시간이 흘러 뒤돌아봤을 때 이 시간 또한 내게 있어 없어서는 안 될 소중한 자산이 될 것이라는 점은 다른 경험들을 통해 알 수 있다.

열정. 영어로는 Passion. Passion의 본래 의미는 자신이 가치 있게 여기는 일을 위해 기꺼이 고통받는 것이었다고 한다. 이런 의미로 비추어 봤을 때 내가 겪은 일은 본연의 뜻에 충실했던 경험이었다.

어떤 일을 열정적으로 해 나가는 과정에는 당연히 삽질이라는 행위도 포함되어 있다. 또한, 그 열정과 삽질의 사이에는 고통이라는 것이 존재한다. 즉, 열정적인 사람은 삽질도 하게 되고 그 사이에서 고통도 받는 구조라는 것이다.

자신이 열정을 가지고 행했던 것들이 삽질로 느껴진다든지 그로 인해 고통받는다고 해서 그 열정을 잃지 않도록 하자. 끊임없는 열정은 몸을 움직이게 하고, 두뇌를 회전하게 할 것이며, 성과를 만들어 낼 것이다. 청춘을 유지하고 싶다면, 청춘을 되찾고 싶다면 뜨거운 열정을 간직하자. 열정이 식지 않는 한 우리는 영원한 청춘이다.

견딜 수 없다고 느껴질 때

살아가다 보면 본인의 의도와는 관계없이 여러 가지 문제들이 찾아온다. 크게 잘못한 것도 없고 조용히 살고 싶은데 크고 작은 문제들은 가만히 두지 않는다. 나의 경우는 얌전히 있지 않았을 뿐 아니라 경험하는 것에 대해서 적극적이었기에 활동하면 할수록 문제들은 항상 따라다녔다.

많은 문제와 마주함으로 인해 맷집이 생겼다고 생각했지만, 매번 상황이 발생하면 견디기 힘든 적이 많았다. 새로운 일을 시작하려 하거나 의지를 가지고 했던 일이 실패로 끝났을 때는 주위에서 굉장한 잡음이 들려온다. 그 일을 왜 하느냐부터 결국 그럴 줄 알았다 등의 비난과 부정의 시선을 많이 받게 된다.

그나마 시작할 때 그런 소리를 듣는 것은 조금 나은 편이다. 결과가 안 좋게 나올 경우에는 상상도 하기 싫을 정도다. 나의 경우는 사업을 하는 과정에서 크고 작은 실패를 여러 번 경험했다. 보통 실패 후 찾아오는 내적 변화는 자존감 상실, 우울증, 대인 기피 증상 등이 있었고 외적 변화는 경제적인 것도 있겠지만 가장 큰 변화는 사람이 떠나간다는 것이다. 비즈니스로 맺어진 관계야 그렇다 치더라도 일반적인 관계마저 그러한 양상을 보이는 것에 대해 깊은 상실감이 들었다.

구상하는 아이템이 연달아서 실패하던 적이 있었다. 처음 실패를 했을 때는 그럴 수도 있다고 생각하며 '실패는 성공의 어머니다.'를 외치며 쉽게 정신력을 회복할 수 있었다. 그런데 두 번 세 번 회차를 거듭할수록 무너진 정신력을 회복하기 어려웠고 급기야 깊은 수렁의 늪에 빠져 헤어 나오지 못하는 단계에까지 이르렀다. 가랑비에 옷 젖는다고 했던가. 배터리로 치면 방전 상태였다. 몸과 마음의 에너지는 바닥나 있었고 다시 일어나야겠다는 일말의 의욕조차 들지 않았다. 그대로 모든 것을 포기해버리고 싶었고 그런 상황이 너무나 원망스러웠다. 혼자의 힘으론 도저히 극복할 수 없는 상황이었다.

한 명 두 명 곁에서 사람들이 떠나기 시작했고 나중에 정신을 차려보니 내 주위에는 몇 명의 사람 외에는 아무도 남아 있지 않았다. 재미있는 점은 결국 이 몇 명의 사람들 덕분에 나는 다시 일어설 수 있었다. 그들의 진심 어린 격려와 관심으로 재도전을 할 수 있었다.

이 시절 내 곁을 지켜준 고마운 사람이 있어 소개하고자 한다. 정확하게는 늘 곁에서 도와주고 힘을 주는 사람이다. 중학교 시절부터 20년이 넘도록 알고 지내온 S는 손꼽히는 제일 친한 친구기도 하다. 중학교 시절에는 자주 만나서 운동도 하고 게임도 같이하면서 지냈다. 성인이 된 뒤로는 가까이 사는데도 불구하고 각자의 삶이 바빠서 자주 보지는 못했다. 하지만 연락을 자주 하면서 서로의 안부를 물으면서 지내왔다. 새로운 일을 시작할 때도 격려와 용기의 말을 아끼지 않았으며, 안 좋은 일을 겪을 때도 항상 함께해줬다. 어쩌면 가족보다도 나의 역사를 잘 알고 있는 사람이라고 할 수 있겠다.

내가 넘어졌을 때 손잡아 일으켜 주었고 달리고 있을 때 열심히 응원해준 S

는 언제나 그랬듯 수렁의 늪에 빠졌을 때도 기꺼이 손을 내밀어 주었다. 모든 사람이 떠나갈 때 가까이 다가와 나를 일으켜 세우려고 애썼다. 피를 나눈 가족이야 둘째 치고 피 한 방울 안 섞인 나를 위해 마음을 써 주는 것이 정말 고마웠다. 세상의 어떤 위로와 격려의 말보다 힘들 때 같이 기울여준 술잔은 평생 잊지 못할 것이다.

S를 비롯해 가족과 주변 지인들의 도움으로 간신히 길고 긴 절망의 터널을 빠져나올 수 있었다. 그분들이 없었다면 아마 그 시절을 극복할 수 없었을 것이고 오늘의 나도 없었을 것이다. 평생 갚아야 할 은인들에게 이 자리를 빌려 다시 한번 감사의 인사를 전한다.

운이 좋아서 굴곡 없는 평탄한 삶을 살아온 사람도 있겠지만 대다수의 경우는 삶의 마디마디에서 위기를 겪는다. 간혹 절체절명의 위기를 겪을 때도 있다. 맷집이 세거나 정신력이 강한 사람도 이런 위기 앞에서는 흔들리거나 무너지기 마련이다.

절대 혼자서 해결하려 하지 마라. 혼자서 저지른 일이고 그 책임이 오롯이 본인에게 있다 하더라도 주위에 도움을 청하라. 시사 프로그램을 보다가 사회학 교수의 인터뷰 내용이 떠올라서 적어본다.

한국사회는 모든 문제를 개인이 해결해야 하는 구조의 사회인데 이 각자도생의 정신 때문에 사회가 더욱 힘들어진다고 했다. 즉, 개인이 혼자서 해결 못할 문제도 있다는 것이다. 참고로 각자도생이란 각자가 제 살길을 찾는다는 뜻의 한자성어로, 조선 시대 대기근이나 전쟁 등 어려운 상황일 때 백성들이 스스로 알아서 살아남아야 한다는 절박함에서 유래된 말이다.

평소에는 도움을 잘 요청하던 사람도 상황이 안 좋아지거나 힘들어졌을 때 의외로 주변에 도움을 잘 요청하지 못하는 것을 자주 본다. 같은 경험을 해 본

결과 충분히 이해할 수 있는 심정이지만 실은 이럴 때일수록 절실히 도움을 요청해야 한다. 혼자서 해결하려다 보면 상황은 더욱 악화되고 나중에는 도와주고 싶어도 손쓸 수 없는 상황에까지 이를 수 있기 때문이다.

아무리 인간관계가 좁거나 사회 활동을 활발히 하지 않는 사람도 주위에 친한 친구는 한두 명 있다. 견디기 힘든 상황이 오면 주저하지 말고 손을 내밀어 보자. 반대로 그런 상황을 맞이한 친구나 지인이 있다면 외면하지 말고 반드시 손을 잡아주자.

군 시절 겨울 행군을 하던 때의 일이다. 보통 40킬로미터 정도의 군장을 메고 행군을 하게 되는데 평지에서는 그나마 견딜 만한데 산을 넘을 때는 이 무게가 엄청나게 느껴진다. 20대의 한창 나이였고 운동도 많이 하던 때라 별걱정 없이 행군에 임했는데 문제는 산을 오를 때 발생했다. 무거운 군장을 메고 빠른 속도로 산을 올랐는데 고산병이 찾아온 것이다. 평소 산을 안 타서였는지 체질 탓인지 알 수 없었으나 견디기 힘든 경험이었다.

머리가 어지러웠고 호흡 곤란과 구토 증세가 심해서 발을 뗄 수가 없었다. 대열에 낙오되어 뒤처져 있던 나를 선임 하사가 발견하고 응급조치를 해줬다. 구토하고 휴식을 취하니 조금은 나아졌으나 포기하고 싶은 마음이 절실했다. 그 몸으로 행군을 계속한다는 것 자체가 겁이 났기 때문이다. 말로만 들어왔던 고산병이 이렇게도 강렬한 것인지 처음 느꼈다.

포기와 완주의 갈등으로 몸과 마음이 싸우고 있을 때 군장까지 대신 메어준 선임 하사의 독려 덕분에 포기하지 않고 다시 일어나 걸을 수 있었다. 그렇게 한 걸음 한 걸음 앞으로 나아갔고 산 오르막을 벗어나서 내리막길에 들어서자 다행히도 고산병 증세는 사라졌고 군장을 다시 메고 행군을 끝까지 완주할 수 있었다.

그 일이 있었던 뒤 당분간 선임 하사의 놀림에 시달려야 했지만 포기하지 않게 도와준 그가 무척 고마웠다. 그때 만약 완주를 포기했더라면 몸은 편했을지 몰라도 불편한 마음은 계속해서 남아 있었을 것이다. 이때의 경험은 사회에 나와서도 쉽게 포기하지 않는 자세의 근간을 세울 수 있는 좋은 계기가 되었다.

톰 아저씨의 오두막이라는 책의 저자 해리엇 비처 스토는 이렇게 말했다.

"힘겨운 상황에 부닥치고 모든 게 장애로 느껴질 때, 단 1분조차도 더는 견딜 수 없다고 느껴질 때, 그때야말로 절대 포기하지 마라. 바로 그런 시점과 위치에서 상황은 바뀌기 시작한다."

어려운 일이나 상황에 부딪치시 견디기 어려울 때 가장 쉽게 그것을 모면하는 방법은 포기해 버리는 것이다. 그런데 해리엇 비처 스토는 1분조차도 견딜 수 없는 상황에서도 절대 포기하지 말라고 주문한다.

덧붙여서 변화는 그 시점과 위치에서 일어난다고 말하고 있다. 깊이 공감되는 부분이다. 이미 우리도 경험을 통해서 알고 있지 않은가. 해가 뜨기 직전이 가장 춥고 어둡다는 사실을…. 그러나 막상 견디기 힘든 상황이 되면 아는 것처럼 실천을 잘 못 하는 것이 또 우리네 인생이다.

하지만 괜찮다. 견딜 수 없는 상황에서 포기하지 않으면 바뀐다는 것을 알고 있다면 좀 더 많은 용기와 희망을 품고 견뎌 낼 수 있을 것이다.

두려워하지 말라. 당신은 혼자가 아니다. 같은 고민과 문제를 가지고 같은 시대를 살아가고 있는 많은 사람이 당신과 함께할 것이다. 그리고 당신을 응원할 것이다.

제4장
나는 이렇게 성장했다

아웃사이더

아웃사이더라는 단어를 들으면 어떤 것이 떠오르는가? 가수 이름이 떠오르는 사람이 있을 것이고 영화 제목이 떠오르는 사람도 있을 것이다.

내게 있어 아웃사이더는 매우 친숙한 단어이다. 자주 들어 온 것도 있지만 특별히 애정이 가는 단어이다. 앞장에서 말했듯이 난 유치원 때부터 집단과 동화되지 못하고 다른 길을 선택했다. 그 뒤 제도권 학교의 경우도 마찬가지였고 사회에 나와서도 무리와 집단에 잘 동화되지 못했다. 그 시작이 유치원부터인 시점을 고려하면 천성적으로 아웃사이더의 피가 흐르고 있는 듯하다.

나는 자발적으로 아웃사이더가 된 케이스다. 특별히 남들과 다르거나 튀는 행동을 하고 싶다는 생각은 없었다. 다만 정해진 틀이나 규칙 같은 것들이 싫었고 일률적이고 획일화된 방법들이 마음에 들지 않았다. 그러다 보니 조직 생활이 힘들었고 집단이나 무리에 잘 동화되지 못했다. 혼자가 편했고 마음이 통하는 소규모의 모임이 좋았다. 그런 패턴으로 살다 보니 어느새 나는 흔히 말하는 아웃사이더가 되어 있었다.

통제와 질서를 위해서는 일정의 규칙과 틀은 있어야 하지만 그것은 필요에 의한 것이지 그 필요를 넘어서서는 안 된다. 조직이나 사회에서 작용하는 규칙들을 보면 그것에 얽매여 정작 중요한 것을 소홀히 하는 일들을 볼 수 있다. 결국, 그것을 만든 것도 사람인데 제도나 규칙에 매몰되어 제대로 대처하지 못하는 것을 보고 있자면 안타깝기 그지없다.

사람은 무리 안에 있거나 집단에 속해 있을 때 안정감을 느낀다. 설사 위험하거나 잘못된 길이라도 혼자가 아니라는 생각은 위안이 되고 위로가 되기 때문이다. 그런데 남들과 다르게 혼자서 다른 길을 가려 하면 상당한 용기가 필요하다. 결정에 대한 확신이 들어도 과정에서 일어나는 상황에 흔들리기 마련이고 힘들거나 두려울 때 같이 위로를 해줄 사람이 없기 때문이다. 그런데도 남들과 다른 길을 개척하는 사람들을 보면 경외감이 느껴진다.

나는 혼자 있는 것을 즐기는 편이다. 혼자서 영화나 책을 보는 것을 좋아하고 이런저런 생각을 하면서 넋 놓는 것도 좋아한다. 그렇다고 사람들과 어울리는 것을 싫어하는 것은 아니다. 사람들과 어울리는 자리에서는 누구보다 즐겁게 분위기를 주도한다. 그런 모습을 본 사람들은 내가 상당히 활발하고 사교적인 줄 안다. 틀린 건 아니지만 두 가지 중 하나를 고르라면 혼자 있는 것을 더 좋아한다.

일의 특성상 사람을 만나는 일이 많다. 많은 사람을 만나야 하는 것에 대한 반대급부로 작용한 것일 수도 있으나 어린 시절의 기억을 떠올려보면 원래부터 그랬던 것 같다.

유독 혼자 있는 것을 싫어하거나 못 견디는 사람들이 있다. 외로움을 많이 타거나 사람을 좋아해서 일 것이다. 자신의 의지와 관계없이 타의로 아웃사이더가 되는 것은 별로 추천하고 싶지 않지만, 그 반대의 자발적 아웃사이더는 추천하고 싶다. 자발적 아웃사이더가 되면 일단 많은 면에서 자유로워진다.

타인의 눈치를 보지 않아도 되고 규칙이나 규정에도 크게 구애받지 않는다. 그렇다고 법을 어기고 살아도 된다는 뜻은 아니니 오해 없길 바란다. 구체적으로 말하자면 평소 자신을 구속했던 관념적인 것들로부터 자유로워질 수 있다는 뜻이다. 특정 집단에서 오래 생활하다 보면 자신도 모르게 그 집단의 틀에 맞춰진 모습을 발견할 수 있다.

생활양식은 물론이고 사상이나 가치관까지 동일화되는 경우가 있는 것을 볼 수 있는데 이것이 조식 생활의 무서움이다. 본인이 의도한 것이 아니라 하더라도 그 집단에 자연스럽게 동화되고 심할 경우 구속되기도 한다. 이 정도로 조직형 인간이 되면 그 집단 안에서는 환영받겠지만 조직을 나와서 홀로서는 것은 힘들어진다.

그렇다고 모두가 조직을 박차고 나와서 아웃사이더형 인간이 되라는 것은 아니다. 조직 생활이 잘 맞는 사람이 있고 그렇지 않은 사람이 있다. 각자의 성향에 맞춰서 생활하면 되는 것이다. 다만 어디에 있든 아웃사이더의 기질만은 잃지 말자는 것이다.

아웃사이더의 기질을 한마디로 정의하자면 야생성이라고 표현하고 싶다. 고도화된 문명 속에서 어쩌면 필요 없다고 생각할 수도 있지만, 이 야생성이야말로 현시대를 사는 우리에게 필요한 것이다. 굳이 경제 지표를 보지 않더라도 예전보다 요즘이 많이 좋아진 것을 알 수 있다. 여유롭지는 못해도 어느 정도 먹고 살 수 있게 되었다. 뉴스에 밥을 못 먹어서 굶어 죽었다는 사람은 아직 본 적이 없다. 먹고 사는 것이 어느 정도 해결됐지만 야생성은 자연스럽게 잃어가고 있다. 적당히 타협하며 살아가고 있다.

아웃사이더 기질 즉, 야생성을 복원시키기 위해서는 극한 상황에 자신을 노출할 필요가 있다. 편안하거나 안정된 상황에서는 이 야생성이 쉽게 발현되지 않는다. 하지만 극한 상황에 노출되면 야생성이 발휘된다. 인간은 누구나 야생성을 가지고 있기 때문이다. 주류와 반대되는 길도 가보고 모두가 예스를 외칠 때 반대의 목소리도 내보자. 세상이 다른 시각으로 보일 것이고 그러한 남다른 시각이 발전과 혁신을 가져올 것이다.

많은 사람이 가는 길만이 정답이 아니다. 우리는 이미 정답 없는 시대에 살고 있다. 정답이 아닌 해답을 찾기 위해 노력해야 한다. 정답이 정해진 것이라면 해답은 정해진 것이 없다. 자신에게 맞는 방법과 방식으로 풀어나가면 되는 것이다. 아웃사이더로 사는 것은 결코 쉬운 일이 아니다. 일반적인 사람과는 다른 주파수로 사고하고 행동하다 보니 심할 경우 미친 사람으로 취급받는 경우도 있다. 재미있는 점은 이런 아웃사이더들이 세상을 바꾼다는 점이다.

바비 인형의 창시자 루스 핸들러는 어린 딸이 성인 형상의 종이 인형을 가지고 노는 것에서 영감을 받아 성인 형상의 플라스틱 인형을 개발했다. 그러나 그녀의 남편조차 어린아이가 아닌 성인 형상의 플라스틱 인형을 만든 것에 대해 비난했다. 그런데도 그녀는 뜻을 굽히지 않았고 지금의 바비 인형이 탄생하게 되었다. 장난감 인형의 한계를 넘어 전 세계의 사회 문화 전반에 영향력을 과시하고 있는 바비 인형은 전 세계 150개국에서 매초 3개씩 팔리고 있다.

IT 거물인 빌 게이츠, 버진그룹 회장 리처드 브랜슨과 맥도날드 창업자 레이 크록은 전통적 교육 시스템에 적응하지 못해 고등학교나 대학을 중퇴했지만 큰 성공을 이루었다. 이 외에도 아웃사이더 정신으로 세상을 바꾼 이야기는 수없이 많다.

영화감독 쿠엔틴 타란티노. 영화계는 쿠엔틴 타란티노의 등장 이전과 이후로 나뉜다. 그는 액션도, 공포도 아닌 이전에 없던 독창적인 장르를 개척했다. 쿠엔틴 타란티노 이름 자체가 하나의 장르가 되어버렸다. 그는 원래 비디오 가게 점원이었다. 학교 등에서 전문적으로 영화를 배운 적도 없으며, 자신의 취향에 맞게 닥치는 대로 영화를 감상하며 자신의 취향과 세계를 구축한 것이다.

현대 사회는 무언가 항상 새로운 것이 나와야 하는데 새로운 것은 주류에서 나오기 어렵다. 주목받지 못했던 비주류의 탄생이 비주류를 주류로 성장시키는 것이다. 그렇게 어제의 비주류는 오늘의 주류가 된다. 이처럼 시대를 뛰어넘는 기발함과 우직함으로 한 시대를 장식한 아웃사이더들의 삶은 강렬한 색채로 다가온다.

난 지금까지 그래왔듯이 앞으로도 영원한 아웃사이더의 삶을 살고 싶다. 또한, 세상이 정해준 기준과 형식을 파괴하고 새롭고 가치 있는 것을 창조해내는 아웃사이더들이 많이 나왔으면 하는 바람이다.

특전사

대한민국 남성들이 모인 술자리라면 빠지지 않고 등장하는 소재가 있다. 바로 군대 이야기다. 자신이 다녀온 곳이 제일 힘든 곳이었다는 주장부터 온갖 무용담까지 귀 기울여 듣고 있으면 한 편의 소설보다 재밌는 내용으로 가득하다. 여자들이 제일 듣기 싫어하는 이야기 3가지가 축구 이야기, 군대 이야기, 군대에서 축구 경기를 한 이야기라고 하는 우스갯소리도 있다.

개인적으로 군대 얘기를 하는 것도 듣는 것도 별로 좋아하지 않는 편이다. 그다지 기억하고 싶지 않은 추억이라고 할까. 나는 친구들에 비교해 군대에 일찍 간 편이다. 20살의 무더운 여름날 육군에 지원했다. 이유는 이왕 맞을 매라면 먼저 맞는 편이 낫다고 생각해서였다. 가장 먼저 가는 덕분이었는지 친구들은 화끈한 군주를 선사해줬다. 태어나서 지금까지 술을 먹고 정신을 완전히 잃은 적이 딱 한 번 있는데 그 한번이 바로 이때이다. 필름이 끊기는 화끈한 군주라는 경험을 뒤로한 채 논산행 훈련소로 향했다. 이 논산 훈련소에서 6주간의 훈련을 마치고 갈 곳을 배정받는다. 훈련소에서는 여러 가지 제식훈련과 총검

술, 행군 등의 훈련을 받는데 체력장 테스트도 포함된다. 그 당시 훈련병들 안에서 돌던 소문이 있었는데 체력장 테스트에서 좋은 성적을 받으면 포상 휴가를 보내준다는 내용이었다. 나중에 알게 된 사실이었지만 그것은 그저 훈련병들의 희망이었다. 여느 훈련병과 마찬가지로 포상 휴가라는 희망에 들떠 있던 나는 젖 먹던 힘을 다해 체력장 테스트에 임했다. 다행히 체대를 준비했던 시절의 후인지라 체력장 테스트에서 좋은 성적을 거둘 수 있었다. 포상 휴가를 갈 수 있다는 설렘에 들떠서 잠도 설칠 정도였다. 그러나 일주일도 되지 않아서 그 설렘은 후회와 혼란으로 다가왔다.

포상 휴가를 보내준다던 소문은 풍문에 지나지 않았고 체력장 테스트에서 좋은 성적을 받은 사람을 차출해서 보내는 곳은 다름 아닌 특전사였다. 그렇게 원하지도 않았던 특전사에 끌려간 것이다.

특전사에 가기 전 거치는 곳이 한군데 있다. 특전 교육단이라는 곳에서 공수 훈련을 받는다. 3주 동안 진행되는 이 훈련은 한마디로 하면 낙하산을 타기 위한 훈련이다. 1주 차는 체력 강화 훈련, 2주 차는 지상훈련, 3주 차는 강하 훈련으로 이어지는데 체력에 웬만큼 자신이 있었던 나였지만 쉽지 않은 훈련들이었다. 가장 힘들었던 점은 훈련받으러 이동 할 때나 밥을 먹으러 갈 때나 무조건 뛰어다녀야 한다는 점이었다. 소화가 안 되는 것은 둘째 치더라도 무릎에 과부하가 걸렸다.

결국, 이 과부하는 피로 골절을 가져왔고 십 년도 훨씬 지난 지금도 오래달리기 같은 종목을 하면 무릎이 아프다. 공수 훈련의 백미는 낙하산을 타기 전 모형탑이라 불리는 곳에서 하는 훈련이다. 인간이 가장 공포를 느낀다는 11m의 모형탑에서 떨어지는 강하 훈련인데 고소 공포증이 있던 나에게는 정말 아름다운 훈련이었다. 모형탑에 올라가면 처음에 교관들이 욕설을 해대며 발로 차서 밀어서 떨어뜨리기도 한다. 하지만 마지막에는 자신의 의지로 뛰어내려야만 통과할 수 있다. 이 훈련을 받은 다음 4번의 낙하산을 타야만 공수훈련이 끝이 난다. 태어나 처음 타보는 낙하산은 공포 그 자체였다. 새로운 경험을 하는 걸 좋아했지만 이 경험만은 피하고 싶었다. 피할 수 없다면 즐기라고 했는데 도저히 그럴 수가 없었다.

울며 겨자 먹기로 피할 수 없는 경험을 온몸으로 받아들였다. 극한 상황이 닥치면 다 하게 된다는 말이 틀린 말이 아니었다. 온몸이 쑤시고 피로 골절이 걸리는 우여곡절을 겪었지만, 무사히 3주간의 공수 훈련을 마칠 수 있었다. 훈련을 마치고 나니 평생을 함께해왔던 고소 공포증은 온데간데없이 사라졌다. 신기하고도 특별한 경험이었다.

자대에 배치되고 나서는 분기에 한 번씩 낙하산을 타야 했다. 일 년에 총 4번을 타는데 공수 훈련을 받았을 때 4번을 포함하면 제대까지 총 12번의 낙하산을 타는 꼴이다. 자대에서 타는 낙하산은 한번 탈 때마다 10만 원가량의 생명 수당이 나왔다. 당시 이등병의 월급이 1만 원 남짓 정도였으니 제법 많은 돈의 수당이었다. 그런데도 낙하산을 타고 싶은 마음은 추호도 없었다. 공수 훈련 중에는 헬기와 열기구를 번갈아 타면서 강하 훈련을 한다. 하지만 자대에서는 헬기를 띄우는 비용이 많이 들어가기 때문에 항상 열기구를 사용해서 낙하했다. 헬기와 열기구에는 비용의 차이뿐 아니라 낙하산을 타야 하는 우리에게 엄청난 차이가 있었다.

헬기의 경우는 앞으로 나아가는 속도 때문에 낙하 시에 밑으로 떨어지는 느낌보다는 뒤로 빨려가는 느낌이 든다. 하지만 열기구의 경우에는 기구가 정지된 상태에서 뛰어내리기 때문에 밑으로 떨어지는 느낌을 온몸에 그대로 받게된다. 열기구는 300m 상공에서 뛰어내리는데 낙하산이 퍼지기 전까지 4초간 약 60미터가량을 자유 낙하한다. 그 기분을 표현하자면 내장기관이 위로 쏠리는 느낌이 난다. 떨어지는 4초간 눈을 감고 지구상의 온갖 욕설을 퍼붓다 보면 주위가 고요해지는 순간이 오는데 바로 낙하산이 퍼진 뒤의 순간이다. 이때부터는 낙하산을 잘 조정해서 지상으로 내려가면 되는데 또 한 번의 위기는 착지 순간에 온다. 착지 시에는 2층 높이에서 뛰어내리는 충격이 오기 때문에 가장 중요한 순간이기도 하다. 사실 3주간의 공수 훈련의 핵심 내용도 이 착지 훈련이라고 볼 수 있다. 착지 시 시선의 위치 또한 중요한 부분인데 먼 곳의 아래를 보지 않고 고개를 내려서 바로 밑의 아래를 보게 되면 땅이 위로 솟구치는 듯한 느낌을 받게 되기 때문이다. 온전한 타의로 생명 수당까지 받아가며 뛰어내린 낙하산 훈련. 다행히 제대하는 날까지 큰 부상 없이 12번의 횟수를 채울 수 있었다.

각 군대에는 그 부대만의 구호를 가지고 있는데, 특전사의 구호는 '안 되면 되게 하라'였다. 부대 진입로에 위치한 비석에 글자를 새겨서 세워 놨는데 그 구호를 볼 때마다 정말 무식한 구호라고 생각했다. 안 되는 것을 어떻게 되게 하라는 말인가. 그런데 그 슬로건의 영향 덕분인지 그곳은 정말 안되는 것을 되게 만드는 장소였다. 이 구호는 사회에 나와서 유용하게 쓰이기도 했지만, 그 반대의 경우도 있었다.

자신에게 저 구호를 적용하면 스파르타식 정신 무장이 가능하다. 불가능에 도전하는 불굴의 의지를 불러오기도 하고 두려움 앞에 물러서지 않는 용기를 일으키기도 한다. 한데 자신이 아닌 남에게 저 정신을 강요하면 진상이 돼버린다. 안된다고 말하는 상대에게 되게 하라고 고집을 부리면 상대는 부담을 느끼게 되고 사이도 멀어질 수 있다. 그렇기 때문에 이것은 본인의 정신 무장에만 사용해야 한다.

어찌 되었든 지금의 강한 정신력을 만들어 준 것은 극한 상황에서 자신과 싸움을 통해 최고의 성취감을 느끼게 해준 군 생활 덕분이다. 당시는 힘든 시간의 연속이었고 어떻게든 그 상황을 벗어나고 싶었지만 지금 생각해보니 그 시절은 자신을 단련하고 훈련을 할 수 있었던 두 번 다시는 없을 최고의 시간이었다. 이처럼 경험을 통한 깨달음에는 시간의 간극이 필요로 한 것도 있다.

지금은 추억으로 남게 된 군 생활이지만 그 2년 2개월의 시간은 추억 이상의 의미와 가치를 가진다. 그곳에서 단순히 훈련과 정신 무장만 했던 것이 아니라 몸 안의 신경세포와 구조를 재배열 할 수 있었다. 군대에서의 경험은 모두 태어나 처음 해보는 경험들이었다. 사회와 다른 점이 있다면 그 경험에 대한 선택권이 없다는 것이다. 사회에서는 자신의 기호 여부나 판단에 의한 선택권이 있다. 그러나 그곳에서는 결정할 수 있는 선택권이 없었다. 즉, 본인이 좋든 싫든 간에 무조건 해야만 하고 겪어야만 하는 경험이었다. 그러다 보니 마음의 준비 없이 무방비 상태로 맞이한 경험들이 많았다. 재미있는 점은 막상 닥치니 어떻게든 해냈고, 하고 나니 점점 자신감이 붙기 시작했다.

모든 첫 경험이 낯설고 두려운 것은 당연하다. 그런데 그 두려움은 결국 마음의 두려움인 것이다. 행위나 경험과 같은 실체의 두려움이 아닌 마음이 만들어낸 두려움이라는 것이다. 그 두려움은 망설임으로 이어지고 결국 선택권이 주어진 상황에서는 지대한 영향력을 행사한다.

최근 군대에 대한 인식과 패러다임이 변하고 있긴 하지만 아직 군대 하면 떠오르는 이미지는 누구나 가야 하지만 피하고 싶은 곳, 경직되고 위압적인 곳이라는 이미지가 강하다.

경험자로서 충분히 이해되는 부분이다. 하지만 몸에 좋은 약은 쓴 법이라는 것을 꼭 기억했으면 한다. 신체에 이상이 없는 18세 이상의 대한민국 남자라면 누구나 가야 하는 곳. 청춘이 시작되는 곳이자 청춘이 무르익는 그곳.

나는 이곳을 청춘의 시발점이자 변곡점이라고 정의하고 싶다. 어느 장소를 막론하고 자신이 있는 곳에 대한 가치 부여와 정의는 자신만이 내릴 수 있다.

일본에서 살다

젊은 시절 외국에서 3년 동안 살아보는 것이 인생 계획 중 하나였다. 그 첫 번째 나라였던 일본에서의 생활을 이야기하고자 한다. 일본을 첫 번째 나라로 정한 것은 같은 지리상으로 가깝기도 했고 같은 아시아권의 국가라서 적응하는 것이 쉬울 거라고 판단했기 때문이다. 4번의 워킹비자 낙방 끝에 힘들게 간 일본.

처음 도착해서 제일 먼저 한 것은 어학원 등록이었다. 언어를 배울 목적도 있었지만, 현지 생활의 적응과 정보를 얻기 위함이었다. 어학원에는 인도, 중국, 독일을 비롯해 세계 각국에서 온 친구들이 있었다. 다들 초급 수준의 일본어를 구사했기에 의사소통에 어려움이 있었지만, 타지의 외로움이었는지 쉽게 친해질 수 있었다. 오전에는 학원에 다니고 오후에는 아르바이트 자리를 구했다. 워킹 비자라는 것이 일하는 것도 가능했기에 돈을 벌면서 생활하기에 최고의 비자였다. 일본에 처음 온 유학생이나 나와 같이 워킹비자로 온 사람들이 일정 수준의 언어 능력이 되기 전까지 일하는 곳은 주로 한국 식당이었다. 그곳에서 서빙이나 주방보조의 일을 한다. 내가 처음 일을 한 곳은 도쿄 시내에 위치한 한국 삼겹살 식당이었다. 서빙과 계산대를 담당하는 홀 업무를 주로 맡았으며, 간혹 바쁠 때는 주방 보조 역할도 했다. 그렇게 3개월 정도 학원과 아르바이트를 병행했다.

일본 생활 3개월이 지날 무렵 학원을 그만뒀다. 경제적인 이유가 가장 컸고 학원에 의존하지 않고도 현장에서 일본어를 배워야겠다고 생각했다. 학원을 그만둠과 동시에 아르바이트도 그만뒀다. 일본인이 운영하는 일본 가게로 옮기기 위함이었다. 여러 곳의 가게 면접을 봤지만 서툰 일본어로 들어가기가 쉽지 않았다. 포기하지 않고 계속해서 들이댄 결과 운 좋게 젊은 일본인 부부가 운영하는 오코노미야키 가게에서 일할 수 있게 되었다. 현장의 일본어를 배울 수 있을 거라는 부푼 기대와 현실은 괴리가 있었다.

주문을 받을 때를 제외하고는 한국식당과 마찬가지로 일본어를 사용할 기회가 없었다. 가끔 손님이 없을 때 사장과 하는 대화 정도가 전부였다. 가게 안의 업무는 사장이 주방을 맡고 내가 홀 전체를 담당하는 구조였는데 매일 혼자서 홀과 화장실을 청소하는 것이 가장 힘들었다. 한국 방식의 일반적인 청소라면 진공청소기를 사용하거나 빗자루와 밀대를 사용해서 하는 것이 보통이다. 하지만 사장의 지시로 나무로 된 바닥을 물수건으로 닦아야 했다.

청소 방법을 비롯한 일하는 방식도 정해준 것들이 많았는데 이해되지 않는 것들도 많았다. 마치 군대에서 느꼈던 비합리적인 것들을 생각나게 했다. 군대에서는 걸레를 짜는 방법도 정해져 있었는데 참으로 이해하기 어려웠다. 어떻게 짜든 물기 없이 잘 짜면 되는 것이지 그것을 짜는 방법까지 정해서 그대로 이행하지 않으면 구박을 주는 것이 상식적으로 이해가 안 됐다. 그런데 그와 같은 일이 일본 가게 아르바이트 현장에서도 벌어진 것이다. 문화의 차이라고 단정 지을 수도 없는 부분이었다.

그러나 힘없는 외국인 노동자의 신분이 나이였던가. 이해할 수 없음에도 그들의 방식대로 맞춰서 일을 해 나갔다. 묵묵히 하다 보니 일도 어느 정도 요령이 생겼고 언어 실력도 조금씩 늘어갔다.

아르바이트가 없는 날에는 구청이나 문화회관 등에서 주관하는 일본어 교실에 나갔다. 그곳에서는 무료 또는 소정의 참가비만 받고 일본어와 문화를 가르쳐주고 있었다. 세계 각국의 이주민을 비롯한 유학생, 외국인 친구를 만들고 싶어 하는 사람 등 다양한 사람들로 구성되어 있었다. 학원을 그만두고 아르바이트 외에는 다른 활동을 하지 않아 사람들을 사귈 기회가 없었는데 이곳을 통해 많은 사람을 사귈 수 있었다. 다양한 연령층과 직업군과의 교류도 가능했다.

일본어 교실뿐만 아니라 언어를 배울 수 있는 커뮤니티 등을 열심히 찾아다닌 결과 한류를 좋아하는 동갑 친구를 만날 수 있었다. 좀 더 정확하게는 한류보다는 한국어를 좋아하는 친구였다. 그 친구와 서로의 언어를 가르쳐 주고 공부하는 과정에서 국경을 뛰어 넘는 우정도 쌓았다. 무역회사에 다니고 있던 친구는 언어뿐 아니라 일본 생활에 대해서도 많은 도움을 주었다. 십 년이 넘은 지금도 그 친구와의 우정을 이어 나가고 있다.

일본인이 운영하는 가게에서 실선 감각을 익힌 나는 새로운 일에 도전해보고 싶었다. 그렇다고 고급 일본어를 구사하는 수준까지는 아니었기에 사무직은 어려웠고 현장직 쪽으로 알아보기 시작했다. 일본은 아르바이트 급여도 높고 수요도 많아서 본인의 의지만 있으면 2개 이상의 아르바이트도 가능했다.

주변 친구 중 몇몇은 3개 이상의 아르바이트를 통해서 고수익을 올리는 친구도 있었다. 부럽기도 했지만, 그 당시 내 목적은 돈보다는 많은 경험을 하기 위함이 더 컸기에 흔들리지 않고 경험 위주의 생활을 하기로 했다.

다음으로 하게 된 일은 백화점이나 상가 같은 곳의 해체 작업이었다. 백화점 안에 매장이나 상가들이 가게 컨셉을 바꾸거나 업종을 전환할 때 기존의 인테리어를 해체하는 일이었다. 주로 밤 시간대에 일을 시작해 새벽에 끝이 났다. 일이 고정적으로 자주 있지는 않았지만 한번 시작하면 같은 현장에서 일주일 정도 일을 했다. 밤과 새벽에 하는 일이라 생체 리듬이 깨지기 일쑤였고 작업하는 과정에서 천장에서 나오는 석면과 마주하여 일이 마칠 때쯤에는 눈썹은 백미로 변해있었다.

새벽에 일이 끝나면 첫차를 기다리는 동안 허기도 달랠 겸 24시간 영업하는 식당에 들러 밥을 먹었다. 그 당시 밥과 같이 마셨던 생맥주는 인생 최고의 맥주로 기억되고 있다. 타지에서 고된 노동 후에 마시는 맥주 한잔이 어쩌나 달고 맛있던지 그 맛을 아직 잊을 수가 없다. 아마 평생 잊지 못할 것이다.

새로 시작한 일이 고정적이지 않다 보니 경제적인 어려움이 찾아왔다. 생활비야 어떻게든 절약해서 산다 하지만 도쿄의 높은 월세를 감당하기가 버거웠다. 어쩔 수 없이 주말 아르바이트를 하나 더 하게 되었는데 급하게 구한 탓에 한국인이 운영하는 인터넷 카페에서 일하게 되었다. 나중에 알게 된 사실이었지만 그 업장의 사장은 인터폴에도 등록된 전라도 출신의 조직 폭력배였고 그 장소는 일본의 야쿠자들이 자주 찾아와서 회의하는 장소로 쓰이기도 했다. 결국, 어느 순간 사장은 행적을 감췄고 일한 급여를 받지 못했다. 그 일로 인해 방세를 내지 못해서 전전긍긍하고 있었는데 다행히 일본에 처음 왔을 때 같이 룸메이트로 지낸 친구가 돈을 빌려줘서 해결할 수 있었다.

타지에서 힘들 때 그런 일을 당하다 보니 분하고 원망스러웠다. 상황이 급하다고 자세히 알아보지 않고 행동한 나 자신도 한심하게 느껴졌다. 외국에 나가면 현지 사람보다 그곳에서 오래 생활한 한국 사람들을 조심해야 한다는 말이 그냥 나온 말이 아니라는 것을 실감했다. 중국 사람들의 경우는 외국에 나가면 서로서로 도와 상생하며 영향력을 넓혀 간다고 한다. 하지만 한국의 경우는 기존의 사람들이 새로 온 사람들에게 접근해 도와주는 척하면서 뒤통수를 치는 경우가 허다하다고 한다. 같은 나라 사람들끼리 서로 도와주고 시원찮은데…. 참 안타깝기 그지없었다. 그 이후로도 여러 가지 일과 다양한 활동을 하면서 외국 경험을 쌓았다.

일본인 친구와 일본 곳곳에 여행을 다니기도 했고 일본 현지에 있는 단체에 가입해서 활동하기도 했다. 현지인들과 어울리며 좀 더 깊숙이 그들의 삶에 들어가 보니 정서적으로 우리와 같은 점도 상당히 많았고 반면에 이질감을 느낄 정도로 다른 문화들도 많았다.

마지막으로 일했던 곳은 한국 회사의 일본 법인이었다. 이곳은 일본의 소프트뱅크 회사에 통신 중계기를 만들어 납품하는 회사였다. 처음에는 다른 곳과 마찬가지로 아르바이트로 들어간 곳이었는데 워킹 비자가 완료될 시점에 회사로부터 직원 입사제의를 받았다. 주위에서는 일을 하고 안 하고는 차후의 문제이고 좋은 기회이니 무조건 취업 비자를 받아 놓으라고 했다. 취업비자를 사고파는 전문 중개인도 있었을 정도이니 좋은 기회인 것만은 확실했다. 절차를 알아보니 정직원이 될 경우 회사를 통해 3년의 체류가 가능한 취업비자를 받을 수 있었다.

하지만 문제는 다른 곳에 있었다. 타지에서 1년쯤 있다 보니 고향에 대한 향수병도 생기는 시점이었고 원래의 계획대로 한국에 돌아가려고 마음먹고 있었던 터라 쉽게 결정이 되지 않았다. 오랜 고민 끝에 결국 회사와 주위의 권유를 만류하고 한국행 비행기에 몸을 실었다.

우선 한국에 돌아갔다가 필요시에 다시 나온다는 계획에 따라 내린 결정이었다. 이 결정은 한국에 돌아와서 3개월도 안 되어 엄청난 후회로 다가왔다. 고향에 대한 향수는 복귀와 함께 금세 사라졌고 얼마 지나지 않아 다시 일본에 가려고 방법을 찾아보았지만 관광 비자 외에는 갈 방법이 없었다. 인생에서 했던 후회 중에 손꼽히는 후회 중 하나로 기억되고 있다.

길다하면 길다 할 수 있고 짧다면 짧다고도 할 수 있는 1년 동안의 일본 생활은 나에게 여러 가지 의미로 다가왔다. 계획했던 것의 실천이었고 그것을 통해 다양한 경험을 할 수 있었다. 경험 속에서 많은 것을 보고 듣고 배울 수 있었으며, 다른 나라에서 직접 살아봄으로써 견문을 넓힐 좋은 기회가 되었다. 특히나 다른 문화를 통해 다름을 인정할 수 있는 자세와 그 다름이 가지는 가치와 필요에 대해 알 수 있게 되었다.

최근 저가항공의 등장과 정보의 발달로 예전보다 해외여행을 쉽게 갈 수 있다. 경험을 쌓기 위한 해외여행도 좋지만, 시간과 환경이 허락한다면 해외 생활을 권하고 싶다. 짧은 기간이라도 해외에서 직접 생활해보는 것과 여행으로 다녀오는 것에는 엄청난 차이가 존재한다. 여행이 나무를 보고 오는 것이라면 생활은 숲을 보고 오는 것이다. 해외 생활을 두려움이나 다른 이유로 망설이고 있는 사람이 있다면, 자신 있게 권하고 싶다. 부디 넓은 세상에서 이방인의 삶을 살아보기를……

호주, 그곳에 서다

일본에서 생활을 마치고 귀국 후 다음으로 갈 두 번째 나라를 선정하게 되었다. 이왕이면 힘들게 배우고 온 일본어의 끈을 놓고 싶지 않았고 그것을 활용할 수 있는 곳으로 찾았다. 처음에 물망에 오른 곳은 하와이였다. 리틀 도쿄라고도 불리는 그곳은 영어를 못 해도 일본어를 구사할 줄 알면 먹고 사는 데 지장이 없을 정도라는 소문이 있을 정도였다. 아시아권이 아닌 곳에서 일본어가 통용된다는 사실에 주저 없이 그곳을 다음 장소로 정했다. 그런데 그곳은 워킹 비자가 나오지 않는 곳이어서 갈 방법이 학생 비자밖에는 없었다. 학생 비자를 발급받으려면 어학원을 등록해야 했는데 비용도 상당히 비쌌고 등록할 돈도 수중에 없었다. 아무리 생각을 해봐도 현실적인 방법이 없었다. 포기하지 않고 인터넷을 비롯한 주위에 수소문 한 끝에 이번에는 하와이와 흡사한 곳을 찾게 되었다. 그곳은 호주의 케언스라는 곳이었는데 하와이와 마찬가지로 많은 수의 일본인들이 있는 곳이고 영어를 못 해도 일을 구할 수 있다고 했다. 다행히 호주는 워킹비자가 되는 나라였고 신청 절차도 간단했다. 일본처럼 분기별로 한정된 인원을 뽑는 것이 아니라 신청비만 내면 기다리지 않고 바로 갈 수 있는 시스템이었다. 더 망설일 이유가 없었다. 그렇게 해서 한국에 복귀한 지 4개월 만에 다시 호주행 비행기에 몸을 싣게 된다. 일본과 달랐던 점은 일본의 경우는 가기 전 언어를 비롯한 최소한의 자금을 준비해서 갔지만, 호주는 조금의 언어공부도 없이 수중에 비행기 삯만 가지고 혈혈단신으로 떠났었다. 한 번의 외국 생활을 통해 자신감도 붙어 있었고 일본어라는 무기를 맹신해서 저지른 일이었다.

　겨울에 떠났는데 그곳에 도착한 나를 맞이해준 건 무더운 날씨였다. 내가 도착한 케언스는 스쿠버다이빙과 스카이다이빙, 번지점프, 래프팅 등 다양한 활동으로 유명한 관광지였다. 신혼여행으로도 많이 오는 곳이었는데 항상 많은 관광객으로 붐볐다.

　예상과 달리 그곳에서의 정착은 쉽지 않았다. 가장 어려웠던 부분이 일자리를 구하는 것이었다. 일본의 경우는 벼룩시장과 같이 구인광고를 내는 책자가 있기 때문에 그것을 보고 연락을 취하면 되었다.

　하지만 이곳은 이력서를 작성한 다음 일일이 가게를 돌며 이력서를 직접 주고 연락이 올 때까지 기다려야 했다. 이력서를 돌리는 것은 어렵지 않았으나 문제는 수십 통의 이력서를 돌렸음에도 연락이 오지 않는 것이었다. 호주에 도착한 지 3주를 넘어 한 달이 다되어 가는데도 일자리를 구하지 못했다. 방값과 식비 등의 지출로 수중에 돈이 점점 떨어져 가니 점점 더 초조해졌다.

　무언가 극단의 조치가 필요하다고 판단했고 가만히 앉아서 연락이 오기만을 기다릴 수가 없었다. 사방팔방으로 수소문 한 끝에 케언스 인근에 있는 파로넬라 공원이란 곳을 알게 되었다. 그곳은 일본 애니메이션의 거장 미야자키

하야오의 '천공의 성 라퓨타'의 배경이 된 곳으로 많은 수의 관광객들이 찾는 곳이었으며, 특히나 일본인 관광객이 많이 찾는 곳이었다.

이곳을 알게 된 순간 한 치의 망설임도 없이 전화했다. 도보로 접근이 가능한 곳이었으면 바로 찾아갔을 텐데 케언스에서 조금 떨어져 있는 곳이라 우선 전화를 했다. 용기 있는 자가 일자리를 얻는다 했던가. 전화를 받은 일본인 매니저는 일단 면접을 보러 오라 했고 케언스에서 출발하는 자사의 관광버스가 있으니 그것을 타고 올 수 있는 배려까지 해주었다.

다음 날 설레는 마음을 안고 면접을 보러 갔다. 현장 책임자인 현지인과의 면접은 영어로 진행되었고 어색한 웃음과 함께 YES라는 답변으로 일관한 나는 그 자리에서 불합격이라는 통보를 받았다. 비록 일본인 관광객들이 많이 오지만 현장 직원들과의 소통 및 모든 안내는 영어로 진행되기 때문에 영어 실력이 부족하면 일을 할 수 없다는 답변이었다. 마지막 희망이라고 생각했던 곳이었는데…… 돌아오는 버스에서 본 하늘은 온통 잿빛이었다.

마지막 히든카드까지 다 써버린 기분이 들자 더는 구직의 의욕도 생기지 않았다. 타지에서 굶어 죽겠구나 하는 불안과 돌파구 없는 답답함만이 나를 짓눌렀다. 통장 잔액은 거의 바닥을 보였고 어디서부터 풀어나가야 할지 방법을 찾지 못했다.

자포자기한 심정으로 멍하니 집에만 있다가 지푸라기라도 잡아야겠다는 생각에 주말에 교회를 나갔다. 한인들과 유학생들이 다니는 한국 교회로 점심을 무료로 제공해줄 뿐만 아니라 갖가지 정보도 얻을 수 있는 곳이었다. 사람이 죽으라는 법은 없는지 그곳에서 바나나 농장에 관한 정보를 듣게 된다.

케언스에서 크게 멀지 않은 곳에 있고 시즌이라서 일할 사람을 뽑고 있다고 했다. 사실 농장에서 사람을 많이 구한다는 정보는 입국 전부터 조사해서 알았지만 웬만하면 농장은 가고 싶지 않았다.

케언스에 인접한 바나나 농장의 일꾼은 대다수가 한국인 사람들도 구성되어 있었다. 워낙 농장에 관한 악소문도 많이 들었고 외국까지 왔는데 이왕이면 현지인들의 삶에 들어가 경험을 해보고 싶었기 때문이다. 다르게 생각해보면 농장일 또한 현지인들의 삶을 체험해 볼 기회이긴 했다. 여기까지 생각이 이르자 이왕 농장일을 할 거면 한국 사람이 없는 곳에서 농장일을 해야겠다고 결심했다.

교회에서 돌아온 다음 날 방을 구할 때 냈던 보증금을 빼서 한국인이 가장 없다고 알려진 퍼스라는 지역으로 이동했다. 한 달여 넘게 머문 케언스에 대한 미련도 있었지만, 현실적인 상황을 타개하려 내린 극단의 조치였다.

케언스에서 퍼스까지는 비행기로 5시간이 걸렸다. 같은 나라 안에서 이동하는데 5시간이라니……. 참고로 호주는 한국의 77배 정도 되는 크기로 세계에서 6번째로 큰 나라이다. 한 저가항공을 타고 이동했는데 물도 사 먹어야 했다. 하지만 진짜는 따로 있었다. 비행기 동체가 워낙 작고 약하다 보니 기류에 엄청난 영향을 받았다. 웬만한 놀이기구보다 더 심하게 흔들렸는데 생명의 위협을 느낄 수준이었다. 5시간의 아찔한 비행을 마치고 무사히 퍼스에 도착하자 모든 것이 감사하게 느껴졌다.

퍼스에서 다시 버스를 타고 6시간 이상 달려 도착한 곳은 팸버튼이라고 하는 작은 시골 마을이었다. 이곳은 워낙에 외진 곳에 있는지라 한국 사람들에게 거의 알려지지 않은 곳이었다. 실제로 도착해 보니 단 한 명의 한국 사람도 없었다. 백팩커라고 불리는 숙소에서 머물렀는데 프랑스, 독일, 대만, 일본, 영국, 에스토니아 등 다양한 국적의 사람들이 있었다. 근처에 위치한 농장주들이 이곳에 일손을 요청하면 백팩커의 매니저가 숙소에 있는 여행객들에게 일을 나누어 주는 방식이었다. 근처에는 포도 농장을 비롯한 감자, 사과, 아보카도 등 다양한 농장들이 있었다.

농장일은 태어나 처음이어서 걱정도 되고 두렵기도 했지만 새로운 경험을 할 수 있다는 묘한 설렘도 있었다. 처음 배정받은 농장은 포도 농장이었다. 손가위를 이용해서 포도의 가지를 치는 일이었다. 직접 농장에 가보니 규모에 놀라웠고 각종 기계장비를 도입하여 현대식 공정으로 농사를 짓고 있었다.

평소 농사라고 하면 경운기에 비닐하우스 등과 같은 재래식 이미지가 각인되어 있었는데 전혀 다른 느낌의 현장이었다. 포도 농장의 일은 예상외로 어렵지 않게 마무리 지을 수 있었다.

두 번째로 배정받은 곳은 감자 농장이었다. 땅속에 묻혀 있는 감자를 캐내는 일이었다. 사람이 직접 캐는 것이 아니라 트랙터 모양의 감자 캐는 차가 있다. 그 차로 밭 위를 지나가면 땅속에 있는 감자와 돌멩이들이 차 뒤쪽 컨베이어 벨트 위로 올라오는데 그곳에 서서 썩은 감자와 돌멩이들을 걸러내는 작업이 우리가 할 일이었다.

일본에서 경험한 해체 작업을 통해 힘든 일에는 어느 정도 이골이 나 있는 상태였는데도 불구하고 만만한 일이 아니었다. 땅속에서 올라오는 감자와 이물질들은 숨도 쉴 수 없을 만큼 엄청난 먼지를 동반했고 울퉁불퉁한 밭 위를 달리는 차위에 서서 균형을 잡고 감자를 걸러내는 일은 허리와 무릎에 많은 무리를 안겨줬다. 또한, 말도 한마디 하지 않고 반복되는 일을 하루에 12시간씩 하다 보니 정신마저 멍해지는 기분이었다. 심지어 나중에는 머릿속을 통째로 비울 수 있는 수양의 단계까지 이르렀다.

감자 농장 뒤로도 사과, 아보카도 등 여러 작물의 농장 경험을 했다. 작물에 따라서 쉽고 돈을 많이 주는 곳과 어렵고 돈도 작게 주는 곳이 있었다. 대부분 가족 단위로 농장을 경영하고 있었으며 농사보다는 농업에 가까운 규모들이 컸다. 농장 생활을 하면서 세계 각국의 친구들을 사귈 수 있었고 평소에는 관심을 두지 않던 농업의 소중함과 중요성을 깨닫는 계기가 되었다.

농장에서 수개월 동안 일하면서 모은 돈으로 호주 곳곳을 돌면서 여행하며 경험했다. 홈스테이도 해보고 관광지 같은 번화가에서 생활도 해봤다. 때로는 관광객처럼 즐겼고 때로는 현지인들의 삶에 깊숙이 들어가 그들의 삶을 경험해보기도 했다. 호주 현지인들의 생활을 곁에서 보면서 느낀 점은 서정적이고 가족적이라는 점이다.

광활한 대자연이 주는 환경 덕분도 있겠지만 전체적인 성향이 세속적인 것에 크게 관심을 두지 않는 편이다. 미래의 기대보다는 하루의 행복과 현재의 즐거움을 만끽하는 삶을 산다.

부끄럽지만 고백하자면 나는 원래 밥을 먹으면서 먹는 즐거움보다도 내일은 무엇을 먹을까를 고민하는 타입이었다. 그런데 이들의 삶을 보면서 그간 나의 행동들이 매우 어리석게 느껴졌다.

삶의 질이라는 것은 이럴 때 쓰는 단어인 듯하다. 호주에서의 경험 이후로 나는 지금 행복하지 않으면 미래도 행복하지 않다는 것을 늘 가슴에 품고 산다. 어떤 어려움 앞에서라도 부디 지금 행복할 수 있는 나와 당신이 되기를 바래본다.

가족과 친구

　세상에서 가장 소중한 사람이 누구냐고 묻는다면 어떻게 대답하겠는가? 나는 바로 가족과 친구라고 답하고 싶다. 내가 많은 경험을 하면서 자랄 수 있었던 것은 가족과 친구들의 진심 어린 마음 덕분이었다. 그들 덕분에 오늘의 내가 있을 수 있었다.

　부산 남자 특유의 무뚝뚝함 때문에 평소에 잘 표현을 못 하는 편이지만 늘 고마운 마음을 가지고 있다. 특히나 부모님은 내색하진 않으셨지만, 탁구공같이 어디로 튈지 모르는 아이를 키우는 부모님 심정이 어땠을지는 짐작이 간다. 공부만을 최고로 쳤던 문상 주의 시절에 운동선수가 되겠다고 하고 잘 다니던 학교를 그만두고 검정고시를 치겠다고 들이댔으니 부모님 입장에서는 황당한 일이었을 것이다. 그 외에도 여러 가지 크고 작은 사고를 쳐서 걱정을 끼쳐 드렸다. 남자아이가 성장하는 과정에서 겪을 수 있는 일이라고 하기엔 일반적이지 않은 일들도 많았다. 그런데도 부모님을 비롯해 우리 가족은 그런 나를 끝까지 믿어주었고 격려를 아끼지 않았다. 아마 예민한 성장기에 질타와 꾸중만 들었다면 나쁜 길로 빗나갔을 수도 있었을 것이다. 어떤 자리에서 무엇을 하든 내게 무한 신뢰를 보내준 가족들이 너무나 고마울 따름이다. 나에게 있어 가족이란 늘 삶의 1순위에 자리 잡고 있다.

한번 생각해보자. 우리는 소중한 것들을 위해 희생하고 감내해내야 할 것이 있고 그것을 감내해야지만 소중한 것을 지킬 수 있다고 생각하는 경향이 있다. 고진감래라는 한자성어만 봐도 그렇지 않은가.

고생 끝에 복이 온다는 뜻인데 나는 이 의견에 동의하지 않는다. 고생 끝에 오는 것은 복이 아니라 망가진 몸과 마음뿐이다. 현재 우리가 사는 세상은 소중한 것을 지키기 위해 소중한 것을 희생하는 아이러니의 시대다. 멀리 갈 것도 없이 가까운 주위만 둘러봐도 가족의 생계를 부양한다는 이유로 정작 자신의 부양 목표인 가족은 도외시되고 소홀히 하는 경우를 흔히 볼 수 있다. 이렇게까지 하는 이유에는 고진감래의 논리처럼 지금은 희생되고 힘들더라도 나중에는 더 나은 삶을 보상받을 수 있다는 전제가 깔렸기 때문이다. 미안하지만 천만의 말씀이다. 시대의 패러다임이 변하듯이 지금은 그런 시대가 아니다.

앞에서도 이야기했지만, 현재가 행복해야 미래도 행복해질 수 있다. 지금이 불행한데 미래가 어떨지에 대해서는 단순히 생각해봐도 알 수 있다. 지금 당장 가족과 함께 현재의 행복을 위해 노력해야 할 이유가 바로 여기에 있다.

시간은 우리를 기다려주지 않는다. 뒤늦게 후회해도 달라지는 게 없다는 것을 이미 살아오면서 충분히 경험해왔다. 당신에게 남은 시간은 얼마인가? 더는 머뭇거릴 시간이 없다.

친구의 사전적 의미는 가깝게 오래 사귄 사람이라는 뜻의 명사이다. 영화 제목으로도 나올 만큼 우리에겐 친숙한 단어이다. 난 친구가 많은 편은 아니지만 오래 사귄 친구는 제법 된다. 보통 손에 꼽는 친구들은 기본이 15년 이상 된 친구들이다. 이런 친구들은 오랜만에 만나도 전혀 어색함이 느껴지지 않는다. 마치 엊그제 헤어졌다 만난 사람처럼 친근하고 편안하다.

어렸을 때는 많은 수의 친구들을 사귀고 교제하는 것을 즐겼으나 어느 새부터는 마음 맞는 소수의 친구와 깊게 교제하는 것이 더 좋아졌다. 시간이 허락할 때면 하루가 멀다고 만나서 어울렸던 친구들. 요즘은 다들 각자의 위치에서 자신에게 주어진 삶을 살아가는 관계로 자주 보지는 못하지만, 틈틈이 소식을 주고받으며 살고 있다.

어렸을 적 같이 어울려 놀던 친구들은 거의 다 결혼을 했다. 한 가정의 어엿한 가장이라고 생각하니 대견스러우면서도 한편으로는 기분이 묘하다. 아이가 아이를 키운다는 느낌이랄까.

이제는 가정뿐만 아니라 사회 구성원으로 역할을 다하며 살아가는 친구들을 보고 있으면 가슴이 뿌듯하다. 친구들의 직업군도 다양해서 여러 가지 도움을 받을 때도 종종 있다.

초등학교 동창인 D는 경북에 위치한 절의 주지 스님이다. 철학을 전공한 D는 대학 시절 출가했다. 어려운 일이 있거나 삶이 힘들 때면 이 친구에게 많은 조언을 구한다. 사업상 일어나는 일이나 신변에 관한 고민 등 가족에게도 말 못 할 고민을 주로 털어놓으면 D는 항상 진심 어린 조언과 해답을 제시해준다.

중학교 때부터 알고 지내온 A도 제일 친한 친구 중의 한 명이다. 이 친구와는 중학교 시절부터 워낙에 많은 시간을 함께 나누며 자라왔다. 덕분에 성장 과정의 비화부터 개인의 취향까지 속속들이 알고 있는 친구이다. 누나 형제만 있는 나로서는 남자 형제로까지 느껴질 만큼 가까운 사이다. 진정한 친구는 어려워지고 상황이 안 좋아졌을 때 진가를 더 발휘하는 법이다.

진행하던 사업이 어려워져 주위 사람들이 떠나고 혼자서 외롭고 어두운 시간을 보낼 때였다. 친구 A는 언제나 그랬듯이 수렁에 빠져있던 내게 다가와서 손을 내밀었다. 군이 좋지 않은 상황을 알리지 않았지만 어떻게 알았는지 A는 집에서 은둔생활을 하고 있던 나를 불러냈다. 술을 사주면서 위로와 격려의 말로 아픔의 시간을 함께했다. 모든 걸 포기하고 싶었지만, 뒤에서 나를 응원해주고 아껴주는 사람이 있다고 생각하니 쉽게 포기할 수가 없었다. 반드시 재기해서 그들의 은혜에 보답하고 싶었다.

가족 외에도 그런 큰 힘이 되는 존재가 있다는 것이 감사했고 행복했다. 친구의 관심과 응원에 힘입어 절망이라는 터널을 무사히 빠져나올 수 있었다. 사람에 의해 많이 아팠던 시절이었지만 결국 그 상처를 치유해주는 것도 사람이었다. 와인과 사람은 오래될수록 좋다고 했는데 술은 잘 모르겠으나 사람은 정말 오래될수록 좋은 거 같다. 오래 겪은 사람들의 특징 중 하나는 군이 말하지 않아도 눈빛만 보고도 서로의 마음을 안다는 것이다. 오랜 시간을 통해 그만큼 그 사람의 데이터가 쌓였다는 이야기다.

성인이 된 후 사회에서 만난 사람들과는 깊은 친구 사이로의 발전이 어렵다. 간혹 사회에서 만났지만 깊은 친구 사이로 발전하는 보기 드문 케이스도 있긴 하다. 아무래도 첫 만남 자체가 특정 목적을 가지는 이해관계 속에서 시작되다 보니 그 이상의 관계로까지 가기가 어려운 듯하다.

돈, 명예, 사랑, 직업 등 세상을 살아가는 데는 필요한 것들이 많다. 누구나 지향하는 바가 다르고 우선순위가 다르겠지만 진정한 친구의 존재는 무엇과도 비교할 수 없다. 삶의 마지막까지 가족과 친구는 함께하는 존재이다.

아프리카 속담에 '빨리 가려면 혼자 가고 멀리 가려면 같이 가라.' 는 말이 있다. 무시무시한 정글 속을 혼자보다 여럿이 같이 갈수록 안전과 사냥의 목적을 이룰 수 있다는 삶의 경험에서 나온 의미 있는 말이다. 우리가 사는 세상도 격하게 비유하자면 정글과 다를 바 없다.

사랑받고 싶은데 상처를 주고 배려했지만, 뒤통수를 맞기도 한다. 거칠고 각박하게 돌아가는 세상 속에서 끝까지 가족과 친구의 손을 놓지 않아야 할 것이다. 가족과 친구는 내 인생 그 무엇과도 바꿀 수 없는 최고의 행복이다.

꿈꾸는 돈키호테

예전이나 지금이나 궁금한 것이 있으면 참지 못한다. 나와 직접적인 관련이 없는 것이라도 궁금증이 들면 그것이 해소되어어야만 직성이 풀리는 성격이다. 이런 나를 보고 오지랖이 넓다느니 피곤하게 산다는 이야기도 들었다. 아예 틀린 말은 아니다. 실제로 궁금증을 해소하는 과정에서 불필요한 일들도 많이 겪었고 몸과 마음을 힘들게 하는 경우도 있었다.

그런데도 아직 나의 이런 성향은 고쳐지지 않았다. 사실 별로 고치고 싶은 마음이 없다. 특히나 경험에 있어서만큼은 더욱 강하게 나타나는데 해보고 싶은 경험이나 관심이 가는 것이 있으면 무조건 하고 본다. 예를 들어 피아노라는 악기에 관심이 가면 피아노 학원부터 등록하고 보는 것이다. 우리가 보통 경험 앞에서 망설여지는지는 이유는 기회비용이라는 경제성의 논리가 선택에 큰 영향을 주기 때문이다. 이것을 경험했을 때 나에게 주어지는 득과 실은 무엇인지 또한 그것을 행함으로 얼마만큼의 성과를 낼 수 있는지를 먼저 생각한다.

한정된 시간과 유한한 자원을 가지고 사는 우리 삶을 생각했을 때 당연한 의사결정의 과정이다. 그러나 경험상 이런 논리로 접근했을 때 조건에 부합해서 행할 수 있는 경험은 그다지 많지 않았다.

경험 앞에서 망설이는 또 한 가지 이유는 어떤 것을 시작하면 끝을 봐야 한다는 강박적인 사고 때문이다. 시작해서 중도에 어떤 연유로 그만두게 되면 그것을 포기라고 치부하는 경우가 많다. 그것은 포기가 아니라 하나의 경험인 것이다. 나의 경우를 보면 자의든 타의든 중도에 그만둔 것을 나열하자면 열 손가락으로는 도저히 셀 수 없을 만큼 수없이 많다. 시작도 빠르고 가볍게 하지만 그만두는 것 또한 빠르다. 막상 경험해봤을 때 본인이 생각했던 것과 다르거나 맞지 않는다면 그만두면 된다.

그런데 간혹 자신과 맞지 않는 경험인데도 불구하고 지금껏 한 것이 아깝다면서 그만두지 못하고 질질 끄는 상황들을 본다. 미련한 짓이다. 한시라도 빨리 그만두고 다른 경험을 찾아 나서는 편이 훨씬 현명한 처사다.

취미가 되었든 직업이 되었든 간에 그것을 직접 경험해보지 않고서는 좋은지 나쁜지 또는 자신과 맞는지 어떤지는 알 수 없다. 유경험자의 조언이나 후기를 통해서 간접적으로 파악할 수는 있어도 그것은 직접 경험에 비교할 바가 못 된다. 간혹 사람이 어떻게 그 많은 경험을 직접 다하고 살아갈 수 있냐고 반문하는 사람들이 있다. 어떤 일이 되었든 안 되는 이유를 들면 열 가지 아니 백 가지도 더 들 수 있다. 이쯤에서 한 가지 비법을 전수하고자 한다. 그 많은 경험을 할 방법은 의외로 단순하다. 그냥 하면 된다. 이런 이유 저런 이유를 들면서 하지 않을 핑계를 찾는 시간에 그냥 아무 이유 없이 하면 되는 것이다. 하다 보면 자신이 생각했던 것과 다른 경험도 있을 것이고 생각했던 것 이상의 경험도 있을 것이다. 해보고 별로면 중간에 그만두면 되고 괜찮으면 끝까지 계속해서 하면 된다. 정말 간단하지 않은가? 여기에 무엇이 더 필요하단 말인가.

취미 활동인 운동의 경우만 봐도 사전 준비가 너무 많다. 운동을 하나 시작하려고 하면 풀 세트로 장비부터 준비하는 사람들도 자주 본다. 초급자일수록 장비가 중요하다나 어쨌다나…. 여러 운동을 경험해본바 장비를 가지고 하는 운동은 장비가 미치는 영향을 무시할 수는 없는 것은 사실이다. 하지만 그것도 일정 수준 이상 되었을 상황에 해당하는 이야기다. 막상 해보면 특정 종목의 운동이 본인의 성향과 맞지 않을 수도 있다. 그렇다고 그만두고 다른 운동을 하려니 장비는 이미 풀세트로 갖춘 상태이고 본인과 맞지 않는 운동을 계속하려니 그것 또한 스트레스고 결국 이러지도 저러지도 못하는 상황에 놓이게 된다.

그래서 먼저 경험부터 해보라는 것이다. 경험을 먼저 하는 것이 비용이 더 들도 비효율적인 것으로 보여도 실상은 다르다. 선 경험은 비용의 절감뿐 아니라 합리적인 의사결정과 판단을 하는 데 큰 도움을 준다. 직접 경험을 해봤기 때문에 효용 및 가치를 알게 되고 선택의 고민 시간까지 단축해준다. 물론 경험 위주의 삶을 산다는 것이 말처럼 쉬운 과정은 아니다. 기본적으로 몸과 마음이 수고스러울 각오는 해둬야 한다.

그런데도 왜 우리는 경험주의의 삶을 살아야 할까? 첫째, 경험을 통해 엄청난 성장의 기회를 마련할 수 있다. 하나의 경험에는 반드시 따라오는 자기 성찰과 교훈이 있다. 경험 속에서 느낀 점과 그 속에서 체득한 노하우는 온전한 자신만의 자산이 된다. 독서를 하는 이유도 간접 경험을 통해 배우고 습득하기 위함인데 직접 경험을 통해 배우고 습득하는 것은 엄청난 성장의 발판이 된다.

두 번째는 시행착오를 줄이고 빠른 목표 달성이 가능하다. 우리는 어떠한 목표를 이루기 위해 전략적인 계획을 만들고 실행에 옮긴다. 이 실행에 해당하는 부분이 바로 경험인데 실행과정에서 계획에는 없었던 시행착오들을 겪게 된다. 이러한 시행착오를 통해 새로운 방법을 연구하고 학습하는 과정에서 경험치가 쌓인다. 이러한 과정을 반복하면서 한둘씩 쌓인 경험치로 목표 달성이라는 대업을 이루게 된다. 잘 짜인 계획보다는 빠른 실행과 그 실행을 통해 얻는 경험치가 더 중요하다는 말이다.

조금 도움이 될 것 같아 다양한 경험을 하기 위한 내 방법들을 소개하겠다. 우선 본인의 관심사나 흥미가 가는 것들에 대해서 리스트를 만든다. 일과 같은 직업의 종류도 좋고 운동과 같은 취미 활동이나 물건에 관한 것들도 좋다. 이렇게 나열을 한 다음에는 신문기사나 잡지 인터넷 등에서 관련된 자료들을 모은다. 최신 기사도 좋고 강좌 안내나 세일 행사에 관한 내용 등 형식에 구애받지 않고 최대한 많이 모으는 데 초점을 맞춘다. 그렇게 모인 자료들을 통해 본인이 직접 경험에 옮길 수 있는 것들을 선별한다. 예를 들면 관련 강좌의 참여라든지 세일 용품 구매 등 실행에 옮길 수 있는 것들로 추린다.

추려진 내용을 토대로 실행에 옮기기 전 주위에 자문한다. 경험했던 유경험자도 좋고 내용을 잘 아는 전문가일수록 더 좋다. 유의사항 및 조언을 들은 후 혼자서 실행에 옮겨도 좋고 주변의 지인을 설득해 같이 실행에 옮기는 방법도 있다. 실행에 옮기자마자 그 행위에 대해 바로 판단을 하는 것은 금물이다. 적어도 적게는 일주일 많게는 한 달여 정도의 시간을 가지고 판단을 해야 한다. 일정 시간 경과 후 판단이 서면 지속할지 그만둘지를 결정한다. 그리고 실행했던 것에 대한 피드백 일지를 기록하는 것을 추천한다.

또 다른 방법으로는 주변 지인들을 적극적으로 활용하는 방법이 있다. 우리가 흔히 쇼핑할 경우에도 후기나 주변 지인들의 의견을 참고하듯이 경험을 할 때도 마찬가지다. 주위에 찾아보면 내가 하고자 하는 경험을 선행했던 사람이나 그것을 하기 위해 자료를 모으고 조사를 했던 사람들이 반드시 존재한다.

그 사람들의 경험담이나 자료를 참고해서 선별 과정에 활용하면 사전 정보를 조사하는 시간의 단축과 보다 구체적인 정보의 접근이 가능하다. 때에 따라서는 시행착오도 줄일 수 있는 일거양득의 효과를 가져오기도 한다.

책 읽는 것을 좋아하는 편이지만 소설은 잘 읽지 않는 편이다. 성격이 급한 나로서는 호흡이 긴 산문체를 읽는 것이 힘들기 때문이다. 그런 내가 최근 우연한 기회에 세르반테스의 돈키호테 완역본을 읽게 되었다. 보통 어렸을 때 만화나 축약본으로 돈키호테를 읽은 사람들은 많겠지만 소설의 완역본을 읽은 사람은 많지 않을 것이다. 기회가 된다면 완역본의 돈키호테 소설을 읽어보기를 추천한다. 이 소설은 무려 400여 년 전 스페인에서 쓰였다. 당시 유럽의 많은 나라는 종교개혁과 르네상스의 변화가 시작되는 시기였지만 스페인은 문명을 거스르고 복수의 수단으로 종교를 사용하고 있었다. 진실보다는 보이는 것에 더 가치를 부여하고 타인과 사회가 나에 대한 무엇이라 말하는지에 따라 내 존재가 결정되는 시대였다. 그러한 시대적 상황에서 세르반테스는 돈키호테를 통해 이성과 광기의 역설을 현실에 투영하고자 했다.

소설이 나온 뒤로 돈키호테는 과대망상에 빠져 어이없는 소동을 일삼는 충동적 몽상가로 회자되기도 했고 꿈과 이상을 위해 행동을 아끼지 않는 불굴의 인간형으로 받아들여지기도 했다. 읽다 보면 누구나 한 번쯤 그처럼 살아보고 싶게 만드는 묘한 매력의 캐릭터다. 400여 전에 쓰인 소설이었지만 읽는 동안 시대를 초월하는 본질에 어렴풋이 닿을 수 있었다. 인간이 인간다울 수 있는 것은 주어진 삶에 순응하고 안주해서가 아니라 자신의 의지로 꿈을 이뤄가고 목표를 향해 나아갈 수 있기 때문이다. 삶이란 것이 저마다의 부단한 노력과 경험이 쌓여 이루어지는 것임을 생각할 때, 행동하지 않고 경험하지 않는다면 그것은 살아있는 삶이라고 말하기 어렵다.

시련은 나의 힘

연말연시가 되면 사람들은 지난 한 해를 뒤 돌아보고 다가올 새해를 희망과 설렘으로 맞이한다. 계획했으나 이루지 못했던 일들을 재점검하고 새해를 맞이하여 이루고 싶은 일들의 계획을 세운다. 지금까지의 내 인생을 뒤돌아보면 계획했던 일보다 계획대로 되지 않았던 일들이 더 많았다.

계획했던 일이 뜻대로 진행되지 않고 예기치 못한 방향으로 흘러가면서 겪게 되는 여러 가지 어려운 일들이나 곤란한 상황 등의 총합이 시련이 아닐까 생각한다. 누구나 살다 보면 경험하는 흔한 일이기도 하지만 어떤 이에게는 견딜 수 없을 만큼의 무게로 다가오기도 한다.

나 역시 성장하면서 많은 시련을 겪으며 자라왔다. 개인의 능력 부족과 나태한 정신, 환경적인 변수 또는 원인 모를 이유 등으로 그것은 수시로 찾아왔다. 왜 나에게만 이런 일들이 일어나는지 하늘이 원망스러워졌던 있었고 모든 것을 다 포기하고 싶을 만큼 절망적인 순간도 있었다.

벌을 받을 만큼 나쁘게 살지도 않았고 나름으로 열심히 노력하며 최선을 다하며 착실하게 살았다고 생각했는데 정작 돌아오는 건 가혹한 현실이었다. 어디서부터 어떤 것이 잘못된 것이었을까?

크고 작은 시련들이 찾아오면 그것에서부터 벗어나기 위해 부단히 노력했다. 그럴수록 그것에서부터 빠져나오기는커녕 더 깊이 빨려 들어가는 기분이었다. 주로 정신 수양과 흐트러진 정신을 바로 잡으려는 방법으로 택한 것은 독서였다. 희망과 용기를 복 돋아주는 자기계발서 위주로 읽었는데 읽을 때는 용기도 생기고 책에 적혀 있는 내용대로만 한다면 다 이룰 수 있을 것 같은 자신감이 들었다. 십여 년 전쯤에 베스트셀러에도 오를 만큼 유명했던 시크릿이라는 책이 있다. 이 책은 양자물리학 이론에 따라 세상 모든 것은 생각 하는 대로 이루어진다고 했다. 그래서 바라는 일이 있을 시 이미 이루어진 것처럼 생각하고 그 기분을 느끼기만 하면 실제로 그 일이 현실이 된다고 적혀 있다. 이 책이 인기 베스트셀러 반열에 오르면서 이 내용은 유행처럼 퍼져나갔다.

나 역시 그 책을 정독하고 책에서 시키는 대로 실천에 옮겼다. 하지만 정작 내가 원하고 바라는 일들은 현실에서 일어나지 않았다. 한동안 유행하며 자기계발서 분야의 한 획을 그은 그 책은 시간이 지남에 따라 조금씩 잊혀갔다.

책의 내용이나 가치를 평가 절하하기 위해 적은 것이 아니라 독서라는 방법으로도 시련을 극복할 수 없었던 내 경험을 회고하기 위해 적은 것이니 오해는 없길 바란다.

독서 외에도 경험 많은 지인들의 조언을 비롯해 명상, 운동 등 여러 가지 방법으로 찾아온 시련과 맞서 싸웠다. 시련이라는 녀석은 예상외로 강했고 결국 시간이라는 중재자로 인해 그 싸움을 멈출 수 있었다. 경험상 이 녀석은 내가 벗어나려 발버둥 칠수록 더 깊이 빠져드는 늪과 같은 특성이 있었다. 맞서 싸우려 하면 더 큰 존재로 다가왔고 도망치려 하면 어느새 퇴로까지 차단하고 있었다. 싸우지도 도망가지도 못한 채 단념하고 받아들이는 경우가 많았다.

시간이 흘러 돌아보니 그 당시의 시련 자체가 중요한 것이 아니었다. 중요한 것은 시련을 받아들이는 자세와 태도, 그리고 그것을 겪은 뒤에 행하는 행동이었다.

어린 시절 고난과 시련이 찾아오면 오직 그것에만 초점이 맞춰져 있었다. 그도 그럴 것이 아버지의 사업부도, 대학교 진학실패 등 찾아오는 것들이 메가톤급의 강렬한 것들이라서 그것이 가지는 의미라든지 부차적인 것들을 생각할 여지가 없었다. 하루라도 빨리 시련에서 벗어나려는 마음과 노력뿐이었다.

하지만 이제는 알고 있다. 비록 성인이 되고도 한참이 지나서야 깨달은 사실이지만 시련은 나를 키운 힘이었다는 것을 말이다. 모난 돌이 거친 물살을 맞으며 예쁘게 다듬어지듯이 고난과 시련은 약한 나를 강하게 키워주는 연마제였던 것이다.

한 가지 공통된 특징은 시련과 고난도 딱 그 사람이 감당할 수 있을 만큼의 것만 주어진다는 것이다. 공부할 때도 문제가 너무 어려우면 포기를 하게 되고 반대로 쉬우면 흥미를 느끼지 못한다. 적당한 난이도의 문제여야만 흥미를 느끼고 도전할 의욕을 가지게 된다. 우리가 겪는 인생의 시련 또한 이것과 크게 다르지 않다. 다시 말하면 극복하지 못할 시련은 없다는 것이다. 극복할 수 있고 그것을 통해 성장할 수 있는 정도의 것들만 주어진다는 것을 꼭 기억해야 한다.

누구나 고난과 시련 앞에서 두려워하고 좌절하는 것은 당연하다. 그 상황이 즐겁다거나 유쾌하다면 오히려 그것은 정신 이상자 쪽에 가깝다. 고난과 시련이 찾아왔을 때 두 팔 벌려 환영할 수는 없지만 좀 더 넓은 관점에서 그것에 대한 의미를 상기해보기를 바란다.

작년은 내게 있어 손꼽히는 힘든 한 해였다. 2년 가까이 온 힘을 다해 준비했던 자격증 시험은 나의 과실로 인해 시험조차 볼 수 없었고, 중국 관련해서 열심히 준비했던 해외 신사업도 사드 문제라는 변수로 인해 틀어졌다.

더 나아가서 사업 거래처에 돈을 떼이는가 하면 개인적으로 믿고 신뢰했던 사람에게 배신을 당하는 일도 있었다. 엎친 데 덮친 격으로 작년에 다친 손목 부상은 완쾌되지 않았고 부상으로 인해 운동을 못 하게 되자 몸무게도 5킬로 이상 늘어났다. 말 그대로 정말 다사다난한 한 해였다. 이런 시련과 고난의 한 해 속에서도 굳게 버틸 수 있었던 건 맷집이 좋거나 정신력이 강해서가 아니다. 경험에 의하면 결국 고난과 시련들은 나를 더욱 큰 사람으로 만들어 줄 힘이자 연료가 되리라는 것을 알고 있고 그것을 믿어 의심치 않기 때문이다.

고난 총량의 법칙에 의하면 한 사람이 살아가면서 겪게 되는 고난의 총량은 정해져 있고 그것을 빨리 겪느냐 나중에 겪느냐의 개인차만 있다고 한다.

어제보다는 오늘이, 오늘보다는 더 나은 내일이 기다리고 있다는 것이라는 꼭 명심했으면 좋겠다. 고난과 시련은 우리를 무너트리려 찾아오는 것이 아니라 단련시키고 성장시키기 위해 찾아온다는 사실 또한 절대 잊지 말기를 바란다.

제5장
대한민국 1호 경험디자이너

삶은 곧 경험이다

우리는 늘 불확실성 가운데서 살아간다. 그나마 예전에는 어느 정도 예측 가능한 것이 많았지만 요즘은 불확실성의 시대라고 해도 과언이 아니다. 어쩌면 우리 삶은 이런 불확실성과의 끊임없는 싸움이라고 볼 수 있다. 교육, 경제, 기술, 문화 등 사회 전반의 모든 영역이 굉장히 빠른 속도로 변해가고 있다. 격하게 표현하자면 어제의 지식이 내일이 되면 무용지물이 되는 시대에 사는 것이다.

사람들은 이렇게 급변하는 시대의 상황 속에서 저마다 각자의 생존 전략을 찾기 위해 분주하다. 직장인들은 새로운 직장과 이직을 위해 노력하고 창업자들은 새로운 아이템과 신사업의 기회를 잡기 위해 노력한다. 대학생들은 자격증과 각종 스펙을 쌓으려 노력하고 중, 고등학생들은 좋은 성적을 받기 위해 학업에 몰두한다. 모두가 각자의 위치에서 최선을 다해 열심히 생활하고 있다. 그러다 보니 열심히 하는 것은 기본인 세상이 되었다. 상황이 이러하다 보니 남들보다 도태되지 않고 살아남으려면 열심히 하는 것 이상이 필요하게 되었고 열심히만 해서는 평균도 하기 어려운 상황까지 오게 되었다.

나 또한 성인이 된 이후부터는 인생을 매우 열심히 산 사람 중의 한 명이다. 남들이 놀고 즐길 때 일했고 항상 생산적인 시간을 보내고자 노력했다. 시간을 의미 없게 보내는 것이 싫어서 가만히 넋 놓고 있는 시간조차도 견디지 못했다. 무엇인가를 해야만 시간을 가치 있게 사용했다고 느꼈다.

그런데 어느 날 이런 사고와 생활이 난관을 맞이하게 된다. 많은 시간을 노력하며 열심히 살았는데 상황이 크게 달라지지 않거나 만족스러운 결과에 도달하지 못한 것이다. 그간의 노력이 물거품처럼 느껴지고 더 나아가 이 방향이 맞는지에 대한 의구심까지 들게 되었다.

다들 그런 경험 한 번씩은 있을 것이다. 누구보다도 열심히 최선을 다해 노력했는데 상황은 전혀 달라지지 않고 늘 같은 자리만 맴도는 느낌. 가도 가도 끝은 보이지 않고 변화의 기운조차 감지되지 않을 때. 이런 상황이 오면 누구나 포기하고 싶은 깊은 절망감에 빠지게 된다. 게다가 자신이 노력했던 깊이만큼 절망의 깊이는 더 깊게 느껴진다. 차라리 노력했던 시간에 그냥 남들처럼 즐겼더라면 재미라도 있었을 것이라는 생각까지 들기도 한다. 이것은 나도 수차례나 경험했고 느꼈던 감정들이다.

현재 우리가 사는 시대는 열심과 노력이 성공을 담보하지 않는다. 다시 말하면 기성세대들이 말해왔던 열심히 노력하기만 하면 누구나 성공할 수 있다는 방정식은 통용되지 않는다는 뜻이다. 물론 노력하지 않는 자에 비교해서 노력하는 자가 성공할 수 있는 확률이 높은 것은 사실이다. 그러나 성공 확률이 높다는 것이지 무조건 성공한다는 것이 아니다.

그럼 우리는 이런 시대에 어떠한 자세와 태도로 살아가야 할까? 해답은 의외로 간단하다. 넘버원이 아닌 온리원이 되면 된다. 지금까지 우리는 모두 넘버원이 되길 꿈꿔왔다. 분야를 막론하고 자신이 몸담은 분야에서 최고가 되기 위해 노력했다. 넘버원이 되기 위해 끊임없는 경쟁을 해야 했으며, 노력 끝에 그 자리에 갔다 해도 다른 사람에게 그 위치를 빼앗기지 않기 위해 필사적인 노력을 해야만 했다. 이것은 개인의 잘못이 아니다. 사회와 제도권은 1등이 되기를 강요했고 1등만을 기억하는 세상에서 개인이 시대적 흐름을 거슬러 역행한다는 것은 쉽지 않은 일이기 때문이다. 이제는 바뀌어야 한다. 넘버원의 시대에서 온리원의 시대로……:

희망적인 소식은 이미 세상이 바뀌고 있다는 것이다. 우리 사회는 정보화 시대를 넘어서 4차 산업 혁명의 시대에 접어들었다. 인공지능, 사물 인터넷, 빅데이터, 모바일 등 첨단 기술들이 경제와 사회 전반에 융합되어 혁신적인 변화를 일으키고 있다. 기술과 기계의 발달로 많은 부분에서 사람의 자리를 대처할 것들이 생겨날 것이다. 이럴 때일수록 대처할 수 없는 온리원 전략이 필요하다. 오직 나만이 가능하고 내가 아니면 안 되는 포지션을 만들어라. 넘버원이 아닌 온리원이 되면 경쟁을 할 필요도 없다. 그 카테고리 안에는 오직 자신만 존재하기 때문이다. 물론 하나의 새로운 영역을 창조해낸다는 것이 말처럼 쉬운 일은 아니다. 또한, 그것을 만들어서 대중화시키고 확산하는 작업은 더욱 어렵다.

그럼에도 우리는 그 일에 도전해야 한다. 아니 무조건 만들어내야 한다. 시대가 변하고 있고 지금 우린 그 길목에 서 있다. 변화는 항상 위기와 기회를 같이 가지고 온다. 가파른 변화 속에서 위기를 택할지 기회를 택할지는 각자의 몫이다.

나는 이러한 시대 변화 속에서 기회를 택했다. 그 첫 번째 행보는 대한민국 1

호 경험 디자이너라는 퍼스널 브랜드를 만들어 낸 것이다.

경험 디자이너란 개인의 경험을 통해 삶의 노하우를 체득 및 전파하고 새로운 가치를 창조해내는 작업자를 의미한다. 그러기 위해서는 많은 경험을 하는 것은 기본이고 그 경험 하나하나를 자신의 삶 속에서 재창조해낼 수 있어야 한다. 나는 대한민국 1호라는 타이틀에 걸맞도록 유일무이한 존재가 되기 위해 오늘도 경험 중이다.

삶이란 것은 정해진 공식이 없을 뿐 아니라 답을 얻을 수 있는 자연과학도 아니다. 오직 인생에 대한 이해는 환경과 과거의 경험을 바탕으로 형성된다. 다른 사람의 삶을 평가할 필요도 없고 특정한 삶을 살아야겠다고 생각할 필요도 없다. 지금 삶이 불행하다고 느껴진다면 바라는 것을 용감하게 추구하거나 지금의 상태를 받아들이는 것 중에서 선택하면 된다.

삶에는 반드시 어떻게 해야 한다는 당위가 존재하지 않고 통일적인 평가 기준도 없다. 과감하게 변화할 수 있는 용기와 담대히 받아들일 수 있는 지혜 정도면 충분하다. 다른 사람의 삶은 나와 삶과 아무런 관계가 없다. 마찬가지로 나의 삶도 다른 사람에게는 관계가 없는 법이다. 이처럼 타인의 삶과 나의 삶을 구분하는 법을 익혀야 한다. 경험 앞에서도 내가 원하고 바라왔던 것을 하는 것이 좋다. 남들이 하니까 따라 하거나 주위의 권유에 마지못해서 하는 것들은 그다지 추천하고 싶지 않다.

사실 산다는 것 자체가 경험하는 것이다. 보고 듣고 느끼고 배우는 일련의 과정 전부가 경험하는 삶을 사는 것이다. 그러니 경험하는 것에 대해 크게 부담을 가질 필요가 없다. 특별한 경험을 통해서만 노하우나 교훈을 얻을 수 있는 것이 아니다.

사소한 일상의 경험을 통해서도 얼마든지 성장할 수 있다. 즉, 어떤 경험을 하느냐가 중요한 것이 아니라 그 경험을 대하는 자세가 더 중요한 것이다. 단순히 경험만 한다고 해서 많은 것을 깨닫거나 얻을 수 있는 것이 아니다. 그래서 경험을 통한 자신을 뒤돌아보고 성찰하는 시간이 필요한 것이다. 그 과정을 통해서 여러 노하우도 체득할 수 있고 앞으로 하게 될 새로운 경험에도 도움이 되는 재료로 쓰일 수 있다.

자신이 경험했던 일에 대해 효과적인 성찰을 하기 위해서는 경험을 기록하는 것이 도움이 된다. 나의 경우는 경험 일지를 쓰는데 형식에 구애 없이 일기와 같은 느낌으로 기록한다. 날짜별로 겪었던 일과 그때의 기분 및 감정, 그리고 느꼈던 생각들에 대해서 간단히 적어둔다.

사람의 기억이라는 것은 그다지 믿을 것이 못 된다. 무슨 이야기냐 하면 사건이나 상황이 발생했을 때 바로 기록해두지 않고 나중에 시간이 흘러서 그 기억을 뇌에서 다시 꺼냈을 때는 자신도 모르게 왜곡된 기억이 나오게 된다. 이것은 기억력의 좋고 나쁨의 문제가 아니다.

인간의 기억이라는 것이 편집되기가 쉽고 간섭의 영향력을 많이 받기 때문이다. 심리학에서 간섭 현상은 어떤 대상에 대한 기억이 그 대상 전후로 경험됐던 다른 내용에 의해 억눌리는 현상을 뜻한다. 초임 교사는 자기 반 학생들의 이름을 잘 기억하지만, 담임을 수십 년 한 교사는 학생들 이름을 자주 헷갈리는 경우가 이에 해당한다. 친구들이 오래전 함께 겪은 같은 상황을 세월이 흘러 이야기했을 때 서로 다르게 이야기하는 것도 마찬가지의 이유다.

어찌 되었든 다시 본론으로 돌아오면 경험 일지를 쓰는 것을 적극적으로 추천한다. 이것은 일기처럼 매일 적지 않아도 좋다. 내용 또한 특별한 형식을 따르지 않아도 된다.

매일 반복되는 일상의 경험을 적어도 좋고 전에 해보지 못했던 새로운 경험을 적어도 좋다.

단 그 경험을 구체적인 부분까지 상세히 기록하고 그에 따른 느낌, 감정, 생각과 행동의 변화까지 낱낱이 기록한다. 그리고 가장 핵심이라 할 수 있는 것은 경험 속에서 본인이 어떤 선택을 했는지 그에 따른 결과는 어땠는지에 대해서 반드시 기록해야 한다. 이것은 앞으로 하게 될 경험과 선택 과정에 유용한 데이터베이스로 활용되기 때문이다.

드라마를 보거나 영화를 볼 때 좋은 장면만 골라서 볼 수 없듯이 우리의 삶 또한 마찬가지다. 좋은 경험만 골라서 하면서 살 수는 없다는 말이다. 그런데 가만히 보면 영화의 좋은 장면도 나쁜 상면이 있기 때문에 존재힐 수 있듯이 좋은 경험도 나쁜 경험이 있기 때문에 존재할 수 있다.

빛도 어둠이 있기에 가치 있게 느껴지듯이 상반되는 것이 없으면 그것의 소중함이나 고마움을 알 수가 없다. 그런 점에서 본다면 영화의 내용이든 인생의 경험이든 꼭 필요한 것들로 구성되어 있으며 무가치한 것은 없다는 생각이 든다.

고난이 찾아와 힘들 때 울면 삼류, 버티면 이류, 즐기면 일류라고 했다. 이 글을 읽고 있는 모두가 즐기며 경험하는 일류의 삶을 살았으면 좋겠다.

지구 여행자

　사업이 어려울 때 답답한 마음에 사주를 보러 간 적이 있다. 지역에서 유명하다고 소문이 난 곳이었다. 제법 오래전의 일이라 어떤 내용을 상담 받았는지 정확히 기억이 나지는 않지만, 지금까지 기억나는 내용은 나에게 역마살과 도화살이 있다는 것이다. 역마살은 이동수가 많고 한 곳에 정착하지 못한다고 하는데 틀린 내용은 아닌 듯했다. 역마살의 기운인지는 모르겠으나 난 여행하는 것을 좋아한다. 국내와 해외 등 특정한 장소를 가리지 않고 여행하는 행위 그 자체가 좋다. 새로운 곳에 가서 새로운 경험을 마음껏 할 수 있기 때문이다. 또한, 여행을 떠나기 전 사전 조사와 준비는 엄청난 설렘을 불러온다. 한 번도 가보지 않았던 곳으로 가서 먹게 될 음식과 보게 될 사람들과 체험할 문화를 생각하면 잠이 오지 않을 정도로 설렌다. 마치 어렸을 적 학교 소풍을 기다리는 마음 같다고 할까.

　막상 여행을 떠나 목적지에 도착하면 생각했던 것처럼 설레었던 일들만 생기지는 않는다. 예상치 못한 일로 곤욕을 치르거나 경험하고 싶지 않은 것들에도 노출된다. 그런데도 여행이 즐거운 이유는 아마 여행자라는 신분 때문일 것이다. 여행자의 신분이 가지는 가장 큰 의미는 본래의 자리로 돌아갈 곳이 있다는 것이다. 여행지 그곳이 최종적인 목적지가 아니라는 말이다. 여행지에서 갖은 어려움을 겪더라도 얼마 뒤에는 그곳을 떠날 것이 정해져 있다. 그렇기 때문에 안심하고 어려움과 낯섦을 즐길 수 있다. 하지만 만약 여행자의 신분이 아니라 생활자의 신분이라면 이야기는 달라진다.

어려움을 피할 도피처가 있는 것도 아니고 기한 또한 정해져 있지 않다. 그렇기 때문에 어떻게 해서든 그 문제를 해결해야 하고 하나의 해프닝에서 끝나는 것이 아니라 반드시 풀어야만 하는 숙제가 되어버리는 것이다. 이처럼 같은 문제와 상황을 겪더라도 어떠한 입장에서 맞이하느냐에 따라 달라진다.

여행하는 여행자의 마음으로 매일을 살아갈 수는 없는 것일까? 그런 마음가짐으로 살 수 있다면 하루하루가 새롭고 흥미로울 것이다. 또한, 어려운 문제와 상황에 봉착하더라도 여행 중 겪는 하나의 해프닝이라 여기고 가벼운 마음으로 대처가 가능할 것이다. 이 부분에 대한 명확한 해답은 아직 도출해내지 못했다. 하지만 나름의 방법론은 정립해보았다.

우선 일상을 여행처럼 만들려면 반복되는 루틴부터 변경해야 한다. 사람에 따라서 다르겠지만 대부분의 경우는 매일 똑같은 일상이 반복된다. 아침에 일어나 회사에 출근해서 일하고 퇴근 후 집으로 귀가하거나 약속에 가거나 취미 활동 등을 한다. 삶을 영위하기 위해서는 경제 활동을 하지 않을 수 없기에 큰 틀의 구조를 바꿀 수는 없다. 하지만 매일 반복되는 일상 속에서도 본인의 의지에 따라서 변경이 가능한 항목들이 있다. 아침에 출근길에 평소와는 다른 길로 출근을 하고 늘 먹던 점심 메뉴가 아닌 색다른 메뉴를 먹어보고 퇴근 후에도 평소와는 다른 스케줄을 잡아 보는 것이다. 작은 변화라고 생각할 수 있지만, 막상 시도해보면 그렇지 않다. 몸에 익숙한 것들과 다른 행동을 하게 될 경우 신체와 정신의 저항을 받게 된다. 신체는 불편함을 호소하고 정신은 게으름과 귀찮음을 불러일으킨다. 이런 저항을 뿌리치고 익숙한 패턴을 깨는 연습을 해야만 반복되는 루틴을 변경할 수 있다. 평소와는 다른 행동을 하게 되면 반드시 새로운 상황이 발생한다. 바로 그 지점이 일상의 여행이 시작되는 지점이다. 여행지에서는 모든 것이 새롭고 낯선 것들이기에 본인이 의도하지 않아도 새로운 상황들이 발생한다.

하지만 일상에서는 의지를 갖추고 행동을 해야지만 새로운 상황을 만들어 낼 수 있다. 물론 새로운 상황이라는 것이 마냥 좋은 것만은 아닐 수 있다. 그러나 반복되는 일상에 지쳐있거나 무언가 새로운 구심점이 필요로 할 경우에는 노력해서 만들어 내야 한다. 아무것도 하지 않으면서 상황이 바뀌거나 달라지기를 바라는 것만큼 어리석은 일은 없다.

남녀노소를 막론하고 여행을 싫어하는 사람은 별로 없을 것이다. 자기소개서나 취미를 묻는 항목에 자주 독서, 영화감상, 여행 등은 빠지지 않고 등장한다. 특히나 요즘은 소득 수준과 삶의 질 향상으로 휴가철이나 연휴가 되면 많은 수의 사람들이 국내나 국외로 여행을 다닌다.

나 역시 버킷리스트 안에 여행이라는 카테고리는 항상 상단을 차지하고 있다. 특히 죽기 전에 세계 일주를 해보는 것을 목표로 하고 있다. 세계 일주는 여행자들이라면 한 번쯤 꿈꾸지만, 막상 실천하기는 쉽지 않은 목표이다. 전 세계를 돌면서 발 도장만 찍는 관광이 아니라 해당 도시에 생활하면서 온전히 그곳을 누리고 만끽할 수 있는 그런 여행을 하고 싶다. 최근 세계의 몇몇 기업들이 우주여행까지 거론하는 시대인데 적어도 지구 여행만큼은 해보고 죽어야

여한이 없을 듯하다.

길다 하면 길고 짧다면 짧다고 할 수 있을 8년의 세월. 아직 진행형인 사업 운영 기간이다. 사업은 여행과 참으로 닮았다는 생각이 든다. 계획과 목표를 세우고 변화하는 환경에서 매일 새롭게 계획 수정을 통한 피드백이 이루어진다. 새로운 만남을 통해 인연을 맺고 그 동반자와 친구가 되었다가 원수가 되기도 하고 예상치 못한 상황에 수시로 직면하는 점 등에서 보면 공통점이 너무나도 많다. 차이점은 여행은 개인플레이가 가능하지만, 사업은 개인플레이가 어렵다는 점이다. 팀플레이가 필수적이고 팀워크도 매우 중요한 부분이다. 여행의 경우는 오히려 혼자 하는 것이 더 여행다운 여행이 가능했다. 함께하는 여행은 온전히 여행에 집중할 수 있는 에너지와 깊이를 뺏기는 기분이다. 물론 처음 가보는 낯선 곳에서 함께 헤쳐 나갈 동료가 있다는 것은 정신적으로 큰 위안이 되기는 한다. 하지만 혼자만의 시간을 통한 사색과 느끼는 것들을 온전히 체감할 수는 없다.

나는 주로 혼자서 여행을 하는 스타일이다. 혼자서 여행을 하면 의외로 편한 것들이 많다. 일정을 짜는 것부터 시작해서 먹는 메뉴 선정까지 전부 본인이 하고 싶은 대로 정하면 된다. 온종일 자고 싶으면 자고 굶고 싶으면 굶는 식이다. 즉흥적인 계획과 실천이 가능하고 결과에 대한 책임도 스스로 지면 그만이다. 다만 혼자 여행 시에는 말할 상대가 없어서 본의 아니게 묵언 수행을 하게 되는데 이로 인해 가끔 심한 외로움이 찾아오기도 한다. 이것은 사업을 할 때도 마찬가지였다. 어렵고 힘든 상황에 대해서 털어놓고 하소연을 하고 싶은데 딱히 말할 곳이 없었다. 리더라는 자리가 외롭다는 말이 이해되는 경험이었다.

사람은 의지력만으로는 변하기 힘든 존재라 변화시키기 위해서는 생활하는 장소를 바꾸던지 만나는 사람을 바꿔야 한다. 다시 말하면 환경적인 부분을 통해서 변화를 모색해야 한다는 것이다.

이런 예는 주위에서 흔히 볼 수 있다. 군대를 갔다 온 뒤 변한 사람, 선배나 스승을 통해서 변화를 끌어낸 사람들이 이에 해당한다. 확실히 효과가 있는 방법으로 실생활에서 해 볼 수 있는 것들로는 이사나 이직, 새로운 모임 가입, 여행 등이 있다. 변화와 개선의 의지는 있으나 여건상 이러한 방법들의 실천이 어렵다면 다음과 같은 방법을 추천한다.

이 방법은 현재 자신이 타성에 빠져 있다든지 정신 무장이 필요하다면 적극적으로 응용해 볼 필요가 있다. 환경을 최대한 힘들고 어려운 상황에 노출하거나 인위적으로 그와 같은 상황을 만드는 것이다. 즉, 자신을 일부러 극한 코너로 밀어붙여서 그 속에서 빠져나올 수 있도록 노력과 채찍질을 하는 것이다. 조금 극단적인 방법일 수 있으나 적극적으로 추천한다.

이것은 내가 종종 사용했던 방법이기도 하다. 편하고 안정적이면 그것에 적응하려 하지 굳이 더 노력해서 환경을 개선하려 하지 않는 것이 인간의 기본적 습성이라면, 불편하거나 불안한 상황에서 노력을 통해 그것을 타개하려고 하는 것 또한 인간의 습성이다. 이러한 점을 숙지하고 이것을 환경 변화라는 장치를 통해 활용한다면 많은 도움이 될 것이다.

여행과 사업을 하는 동안 살면서 상상하지 못했던 순간들과 어쩌면 한 번도 경험해보지 못했을 순간들도 많이 있었다. 또한, 하기 전에는 어려워 보이고 내가 할 수 있을까 했던 일도 하다 보면 별 것 아닌 일들이 많았다.

나와 같이 지극히 평범한 사람도 누구나 할 수 있는 일이었다. 한 가지 차이점은 하려고 행동하지 않았다는 것. 그것 하나뿐이었다. 이러한 과정에서 느끼고 배운 점은 아프거나 힘이 다해서 더는 나아갈 수 없을 때도 포기하지만 않으면 언젠가는 앞으로 나아갈 수 있다는 것이었다. 그리고 그 경험 뒤로 지금까지 나는 말도 안 되는 꿈들을 꾸게 되었고 그러한 꿈들은 내가 힘들고 넘어 졌을 때 다시 일으켜 세워주는 원동력으로 작용했다.

인생은 여행과 도전의 연속이다. 원대한 목표가 있는 것만이 도전이 아니다. 오늘 하루. 나의 하루를 다르게 살아보는 것도 도전이고 내가 해보지 않은 것을 해보는 것도 도전이다. 해보지 않을 일을 하게 될 때면 늘 찾아오는 것이 두려움이다. 앞장에서도 이야기했지만 이 두려움을 없애는 방법은 아주 간단하다. 그냥 뭐든지 해보는 것이다.

기회는 행동하는 자에게만 찾아오고 오직 도전하는 자만이 그 기회를 잡을 수 있다. 삶을 관조와 관찰로 대체하지 말고 새로운 것들과 낯선 것들에 용기 있게 도전하는 여행자의 마음으로 삶을 살아가자. 어느 곳에 있든지 언제나 경험하는 삶이되길 바란다.

보고 듣고 느낀 만큼 성장한다

요즘 시대를 가리켜 평생 교육의 시대라고 한다. 이것은 학교 교육의 의미로 만 사용되는 것이 아니고 가정교육, 학교 교육, 사회교육을 총체적으로 의미한 다. 유아에서 시작하여 노년에 이르기까지 평생에 걸친 교육으로 대부분 국가 가 평생교육 이념 아래에 교육체제를 재정립하고 있다. 이 평생교육의 목적은 개인의 성장 발달을 전 생애를 통해 지속시키며 삶의 현장에서 장소와 시간, 방법 등을 가리지 않고 하는 데 의의가 있다. 이러한 평생 교육의 시대를 사는 우리들은 축복인 동시에 도전받는 삶을 살고 있다. 공부에는 끝이 없다. 더 정 확하게는 배움에는 끝이 없다.

나는 어렸을 적부터 공부와는 거리가 정말 먼 아이였다. 학교에 다니는 것 자체가 싫었으며 수업 시간에는 보통 잠을 자거나 만화책을 읽으면서 시간을 보냈다. 기다려지는 시간은 오직 도시락을 먹는 점심시간과 공놀이가 할 수 있 는 체육 시간뿐이었다.

시간이 빨리 흘러서 졸업하는 순간만을 고대하며 살았다. 그러던 내가 처음으로 공부다운 공부를 했던 적은 중학교 시절 남녀공학 고등학교를 진학하기 위한 공부였다. 목적이 생기니 그토록 하기 싫었던 공부도 최선을 다해서 하게 되었다. 그러나 목적을 이루게 되자 고등학교부터는 본래의 나로 다시 돌아갔다. 모든 고등학생의 목표인 대학 진학이라는 것은 내가 정한 것이 아니라 외부에서 정해준 것이었기에 그다지 동기부여가 되지 않았다. 분위기상 억지로 공부하는 시늉만 하면서 학교에 다녔고 고등학교만 졸업하면 앞으로 공부하는 일은 없을 것으로 생각했다. 우여곡절 끝에 대학을 가게 되었고 바랐던 대로 전혀 공부하시 않는 대학 생활을 보냈다. 친구들과 어울려 다니면서 술 마시고 다른 학과 학생들과 단체미팅도 하면서 즐겁고 재미있는 시간을 보냈다. 그렇게 놀다 보니 어느덧 졸업이라는 시간이 찾아왔고 아무런 준비와 대책 없이 졸업장만 하나 손에 쥐고 사회에 나오게 되었다.

중학교, 고등학교 시절에는 부모님부터 시작해서 학교의 선생님까지 공부하라는 말을 귀가 따갑도록 들었는데 사회에 나와 보니 공부를 강요하는 사람이 없었다. 하지만 아이러니하게도 어렸을 때는 전혀 필요하다고 느껴지지 않았던 공부가 절실히 필요하다고 느껴졌다. 우선 가장 먼저 와 닿았던 것은 대학 졸업장 하나만으로는 취업할 수 없었다. 각종 자격증에서부터 토익 성적, 봉사 활동 이력까지 무수히도 많은 증명서가 필요로 했다. 살아남기 위한 생존 공부와 교과서에서 배워왔던 이론 공부가 아닌 현장에서 배우는 실무 공부가 필요했다. 이런 상황에 이르자 누구도 강요하지 않았지민 나는 스스로 공부를 하기 시작했으며, 태어나 처음으로 공부라는 것에 눈을 뜨게 되었다.

내가 생각하기에 진짜 공부는 대학을 졸업하고 성인이 되어서부터 하는 공부가 아닌가 싶다. 이때 하는 공부는 타의나 강제가 아닌 정말 본인이 필요 때문에 하는 자발적 공부이기 때문에 학습 밀도와 의지력이 굉장히 높다. 또한, 이론서 같은 불필요한 내용이 아니라 현장에서 직접 사용이 가능한 살아있는 지식 위주로 공부하기 때문에 활용도 부분에서도 탁월한 효과를 낼 수 있다. 유년기 시절부터 그렇게 공부하는 것을 싫어했던 나는 이십 대 중반이 되어서부터 필요에 의한 공부를 하게 되었다. 외국어 공부, 자격증 공부를 비롯한 독서 공부까지 했다.

명확한 목적이 있고 자발적으로 하는 공부는 특별히 어렵거나 힘들지 않았으며, 스스로 동기부여를 통해 지속적인 공부를 가능하게 했다. 그러한 과정에서 자격증 획득과 성적점수 향상이라는 결과물을 창출하게 되었고 이는 다시 다른 분야의 공부로까지 확장하게 하는 동력이 되었다.

필요와 목적이 있는 공부는 재미와 성과를 창출했고 지속성 가능한 선순환 구조를 만들어 주었다. 공부라는 것이 성인이 되기 전에 하는 학교 공부가 전부인 줄만 알았는데 경험해보니 성인이 되고 나서도 아니 눈을 감는 그 순간까지 계속해서 공부하면서 배워야 했던 것이었다.

모르면 용감하다고 했던가. 공부하지 않아서 잘 모르던 시절에는 그다지 궁금한 것도 없었고 알고 싶은 것도 많지 않았다. 하지만 배움을 통해서 지식과 지혜를 조금씩 얻게 되자 알고 싶은 것이 많아졌고 아는 것보다 모르는 것이 더 많은 자신을 발견하게 되었다. 무식했던 내 모습이 부끄러웠고 알면 알수록 더 겸손해져야겠다는 생각이 들었다.

요즘은 각종 기기의 발달과 정보의 발달로 큰 비용 없이 교육을 받을 수 있는 시대가 되었다. 인터넷을 활용하면 시간과 공간의 제약 없이 집이나 자신이 원하는 장소에서 원하는 시간에 교육받는 것도 가능하다. 또한, 해외 유명 대학이나 사이트 등을 통해서 고급 내용의 강의도 무료 혹은 적은 비용으로 수강

할 수 있다. 즉, 본인이 배우려는 의지와 마음만 있으면 얼마든지 배울 기회가 곳곳에 많이 있다는 것이다. 예전에는 높은 비용과 정보의 접근 제한 등의 이유로 교육을 받고 싶어도 원하는 만큼 받을 수 없었다. 하지만 지금은 교육을 받는 자의 처지에서 본다면 행복한 비명을 질러도 될 만큼 콘텐츠나 플랫폼은 넘쳐난다. 이것은 비단 온라인의 경우에만 해당하는 이야기는 아니다.

오프라인에서도 많은 수의 무료 강좌나 유료 강좌가 개최되고 있다. 가까이는 동사무소나 구청과 같은 공공기관, 백화점 문화센터와 대학의 평생교육원, 전문 사설 기관이나 직업 훈련원 등에서 많은 강의가 진행되고 있다. 손품이나 발품을 조금만 팔면 생각보다 많은 강의 개설 정보에 놀랄 것이다.

배움에 눈을 뜬 이후로 많은 강의와 교육을 받으러 다녔다. 인터넷의 무료강의부터 유료강의는 물론 오프라인에서 진행되는 각종 수업을 수강하며 배움에 대한 열의를 올렸다. 발명 특허에 관한 수업부터 마을 활동가 교육, 웃음치료사 교육, 연극 수업, 글쓰기 수업, 사회적 기업, 협동조합, 문화 전문가 양성 교육, 도시 재생 교육까지 분야와 장르를 가리지 않고 흥미와 관심이 가는 내용이라면 무조건 등록해서 교육을 받았다. 남는 시간은 물론이고 없는 시간까지 쪼개서 교육을 받으러 다니다 보니 주위에서 무슨 교육을 그렇게 많이 받느냐며 그 시간에 돈 되는 활동을 하라는 조언 아닌 조언까지 들을 정도였다. 그러나 전혀 개의치 않았다. 그들이 말하는 돈 되는 활동으로 치자면 교육만큼 득이 되는 활동도 없다. 보기에는 당장 돈으로 환산되지 않고 오히려 돈과 시간을 쓰는 소모적 활동인 것처럼 보일 수도 있으나 이것이 가져오는 파급효과는 실로 굉장하다.

굳이 설명하지 않아도 교육을 통해 배우고 실천해본 사람이라면 잘 알 것이다. 교육은 단순히 배움으로 끝나는 것이 아니다. 배운 것을 토대로 자신의 실생활에 접목하여 경제적, 심리적 효과를 창출해 내는 것이다. 배움과 실천이라는 과정을 통해 자신만의 노하우가 쌓이고 이것이 반복되면 실력이 된다.

또한, 교육 현장에서 맺게 되는 인연들은 훗날 좋은 인맥으로 형성되어 상호 간 많은 도움을 주고받을 수 있다. 대개 공통된 관심사를 가지고 온 사람들이라서 쉽게 융화될 수 있으며 기본적으로 배움에 대한 열의가 있는 사람들이기에 긍정적이며 활기차다. 이들은 좋은 강의 정보가 있거나 도움이 되는 내용이 있으면 연락해서 알려준다. 조언을 구할 사람이나 필요로 한 사람이 있어도 소개해 주는 것을 마다하지 않는다. 나 역시 많은 교육 현장에서 맺은 인연의 사람들과 지금까지 깊은 관계를 맺어가며 서로에게 좋은 영향력을 행사하고 있다.

현대 사회의 구성원으로 배움의 중요성은 누구나 잘 알고 있다. 하지만 대부분 애써 노력하며 잘 배우려 하지는 않는다. 무언가를 배운다는 행위 자체가 어렵고 에너지가 많이 소모되는 활동이기 때문일 것이다. 또한, 우리는 성장 과정에서 공부라는 것은 어쩔 수 없이 시켜서 하는 주입식 형태로 교육받고 자라왔다. 이렇게 형성된 공부에 대한 선입견은 배움에 대한 진입 장벽으로 작용한다.

이것을 허물어뜨리기 위해선 재미가 있고 흥미 위주의 것들로 시작하는 것이 좋다. 처음부터 목표를 높게 잡고 어려운 것으로 시작하면 쉽게 흥미를 못 느낄 뿐 아니라 스트레스로 다가올 수 있기 때문이다. 낮은 난이도의 내용부터 점진적으로 단계를 올리면서 배우는 것에 대한 습관을 들이는 것이 제일 우선 되어야 한다. 배우는 행위 자체도 어렵게 생각할 필요가 없다. 그저 보고 듣고 느끼는 것 그 자체가 배우는 과정이기 때문이다.

우리의 삶은 배움과 경험을 통해서 성장할 수 있다. 성장기 시절 신체를 잘

자라게 하기 위해선 영양 섭취와 운동이 필요하듯이 마음의 성장과 인생의 성장을 위해서는 배움과 경험이 필수적이다. 많은 것을 보고 듣고, 느끼고 경험한 만큼 인생의 경험치가 쌓이게 되고 그것들이 차곡차곡 모여서 성장을 이루는 것이다.

어린아이들을 보면 하루가 다르게 성장하는 것을 볼 수 있다. 성장 호르몬의 영향도 있겠지만 어릴수록 호기심을 가지고 많은 것을 보고 듣고 느끼기 때문이다. 재미있는 점은 이렇게 호기심 왕성하게 성장한 아이도 어른이 되면 잘 보려 하지 않고 잘 들으려 하지 않는다. 이미 다 알고 있고 새롭지 않다고 생각하기 때문이다. 지금은 하루가 다르게 변하는 세상이다. 어제와 오늘이 다르고 또 내일이 다를 것이다. 이런 환경에서 변화를 감지하려면 두 눈을 크게 뜨고 귀를 활짝 열어 놓아야 한다.

보고 듣고 느낀 만큼 성장하는 법이다.

아무것도 두려워하지 마라

살면서 가장 두려웠던 순간이 언제였는가? 나에게 있어 가장 두려웠던 순간 첫 번째는 유아 시절 태권도 대회에 나가서 대련 상대에게 느꼈던 두려움이다. 처음 나간 대회였고 나보다 덩치가 컸던 상대에게 큰 두려움을 느꼈다.

두 번째는 아버지의 사업 실패로 인해 빚쟁이들이 집에 찾아왔던 순간이다. 집안에서 아무도 없는 척 숨죽이고 있었지만 어린 나이에 엄청난 공포감이 들었다. 마지막으로 생명의 위협으로 다가올 만큼 두려움을 느꼈을 때는 군대 시절 낙하산을 처음 경험했을 때이다. 고소 공포증도 가지고 있었는데 이때가 아마 생애 최고의 두려움을 경험했던 순간으로 기억한다. 이외에도 많은 두려움과 마주했었다. 무서운 나머지 겁에 질려 도망갔던 적도 있었고 정면으로 맞서 싸웠던 순간들도 있었다.

사람은 보통 두려움을 느끼게 되면 불안한 상태에 빠지게 된다. 불안이란 마음이 편하지 않고 조마조마한 상태를 말하는 데 불안이 심해지면 숙면을 하기 어렵고 가슴이 조이는 답답한 현상이나 위의 통증을 동반하기도 한다. 이처럼 불안은 심리적, 신체적 반응을 수반하기 때문에 좋지 않은 것이며 불안을 느끼는 것이 나쁘다고 생각할 수 있는데 사실은 그렇지 않다. 불안한 감정은 인간이 느끼는 정서 중 자연스러운 감정이고 이것으로 인해 우리는 위험을 감지하고 피할 수가 있다. 시간을 거슬러 인간이 동굴에서 거주할 당시를 생각해보자. 밖에서 이상한 소리가 나는 데 불안을 느끼지 않고 뛰쳐나간 사람은 동물들에게 잡아먹혔을 것이고 불안함을 느껴서 동굴을 나가지 않은 사람들은 생존했을 것이다.

극적인 예시이긴 하지만 불안의 유용성을 알 수 있는 사례이다. 무엇이든 과하면 탈이 나는 것처럼 불안도 과하지만 않다면 반드시 인간에게 필요한 정서 반응이다. 두려움을 느끼는 순간도 자세히 들여다보면 대부분 처음으로 하는 경험 앞에서 드러나는 경향이 있다. 한 번도 경험해보지 못했던 것들과 마주하면 설레기도 하지만 두려움이라는 감정이 앞서게 마련이다.

여기에 더해서 결과에 대한 불확실성이 두려움을 더욱 증폭시킨다. 처음으로 하는 경험이 자신에게 어떠한 결과로 작용할지 의문이 들기 때문이다. 혹여나 좋지 못한 결과가 되거나 만족할 만큼의 결과치가 나오지 않을까 하는 것에 대한 걱정이다. 반대로 경험해봤던 것에 대해 두려움도 있다. 실연을 당한 정신적 고통이라든지, 치과에서의 무지막지한 육체적 고통 등은 이미 경험해봤음에도 불구하고 매번 상당한 두려움으로 다가온다.

나의 경험에 의하면 두려움을 느끼는 행위일수록 빨리하는 것이 여러 가지로 득이 된다. 그렇지 않고 계속 놔두면서 생각하면 할수록 두려움은 점차 커지게 되고 급기야 행동을 가로막는 걸림돌로 작용한다. 앞장에서도 수차례 언급한 내용이지만 두려움이라는 것은 실체가 없다. 막상 어떤 일을 하기 전에 들었던 두려움도 하고 나면 온데간데없이 사라져 버린다. 심지어 고작 이 정도에 내가 그렇게나 두려움을 느꼈나 하고 허무하게 느껴질 때도 있다.

전쟁터의 경우를 예로 들어보면 적군이 보이지 않을 때는 두려워서 공황에 빠질 수도 있으나 막상 적군이 눈앞에 나타나서 교전이 벌어지면 의외로 침착해진다. 본래 인간의 감정이라는 것이 행동을 촉발하고 에너지를 증폭시킬 목적으로 존재하기 때문에 이런 일이 일어난다. 자신이 해야 할 행동을 분명히 알고 실제로 행동에 옮길 준비가 되었을 때는 감정의 과도한 개입은 사라지는 것이다.

이런 감정의 메커니즘을 이해한다면 두려움은 훈련으로 극복할 수 있다는 이야기가 된다. 그 훈련의 가장 첫 번째 단계는 행동하는 것이다. 특히 감정이 본능을 잠식하기 전에 행동하는 것이 중요하다. 다시 말해 두려움이라는 감정이 나의 도전 본능을 억제하기 전에 행동하는 것이다. 두려움이라는 감정보다 행동이 앞서면 자신감을 얻게 되고 결국 감정에서도 자유로워진다.

두 번째 단계는 상황을 예측하며 주도하는 훈련을 해야 한다. 특정 대상이 어떤 행동을 할지 예측되지 않을 때 무서움을 느끼는 경우가 있다. 예를 들자면 개가 무서운 이유는 개를 다루는 방법을 모르기 때문이다. 개를 다루는 방법을 알고 있으면 무섭지 않다. 또한, 누가 상황을 주도하는지도 중요하다. 자신이 상황을 주도하지 못한다면 두렵게 된다. 어떤 일이 벌어질지 짐작되지 않기 때문이다. 하지만 자신이 상황을 주도하게 되는 순간부터는 결과도 알 수 있기 때문에 두려움이 없어지는 것이다.

마지막 단계는 최악의 결과를 상상하면서 두려움과 정면으로 맞서는 것이다. 공포가 밀려올 때 도망갈 준비를 한다면 심장발작이나 몸의 경직 등 공포에 따른 신체 반응을 더욱 강화한다. 이럴 때는 최악의 경우를 담담하게 떠올리면서 공포가 밀려오는 장소나 상황에 그대로 머물러 감정을 있는 그대로 내버려 둔다. 이런 과정을 반복적으로 하다 보면 위험한 일도 생기지 않고 공포도 점차 사라진다는 것을 체감하게 된다. 이처럼 두려움은 피하는 것만이 능사가 아니다. 회피하지 말고 정면으로 마주했을 때 극복 가능하며 이런 노력을 한 뒤에는 자신에게 충분한 보상을 해줘야 한다.

마사지, 명상, 목욕 등 몸과 마음을 이완시켜 줄 수 있는 것이 좋다. 자신에게 작은 선물이라도 반드시 제공해서 다음 극복을 위한 동기부여로 작용할 수 있게 하여야 한다.

부끄러운 이야기지만 나는 오랜 시간을 어설픈 완벽주의자로 살아왔다. 인간관계에서도 사회생활에서도 나름의 완벽을 추구했다. 그러다 보니 스스로 만든 기준과 잣대가 마음과 행동을 옭아매는 일들이 잦았다. 기준에서 벗어나는 사람들과는 관계를 맺으려 하지 않았고 행동 또한 실수하지 않을 것들로만 취사선택해서 움직였다. 그러다 보니 행동하기 전 생각하는 시간이 매우 길어졌으며 완전한 확신이 없으면 행동조차 하지 않았다. 그런 나를 보고 주위에서는 뻣뻣하다는 이야기와 다가가기 어렵다는 이야기를 많이 했다.

오랜 시간을 이런 어설픈 완벽주의자로 살면서 깨달은 점이 있다. 완벽주의자들의 마음속에는 실패에 대한 끔찍한 두려움이 있다는 것이다. 작은 실패에도 자신을 잃어버리거나 자신의 기대치에 조금이라도 미치지 못하면 자괴감에 빠지는 경향도 있다. 또한, 이런 완벽주의가 심해지면 나중에는 실패와 비난에 대한 두려움 때문에 도전의 기회조차도 차단하게 되어 버리는 것이다. 완벽주의의 병폐인 이런 점을 깨닫기까지는 적지 않은 시간이 걸렸다.

하루라도 빨리 완벽주의에서 벗어나야겠다고 생각하고 노력한 끝에 지금은 다행히 행복한 경험주의자로 살고 있다. 완벽주의를 버리고 나서 가장 크게 달라진 점 가운데 하나는 실패에 대해 두려움이 현격히 줄어들었다는 점이다. 전에는 실패하면 안 된다는 강박 관념 때문에 애당초 어려운 일에는 도전하지 않았고 성공 가능성보다는 실패 가능성에 초점을 맞추어 모든 것을 판단했다. 그러나 경험주의자가 된 이후로는 성공이나 실패 가능성보다는 도전과 경험 그 자체에 초점을 맞추어 행동한다.

도전과 경험에 있어 성공이나 실패는 중요한 것으로 작용하지 않았다. 오로지 도전 앞에 두려움 없이 하나의 경험을 만들 수 있느냐 하는 것이 중요한 관건이 되었고 타인의 시선에서도 자유로워질 수 있었다. 사실 따지고 보면 성공이냐 실패냐 하는 것도 본인 스스로가 결정짓고 정의하는 것이지 외부에서 결정하고 판단할 수 있는 사안이 아니다.

지금까지의 내용을 정리해보면 두려움이라는 것은 대상이나 처한 상황을 잘 모를 때 생기며 대개 실체가 없으며, 행동 후에는 없어지거나 줄어든다는 것을 알게 되었다.

완벽함을 유지하려는 마음도 두려움을 불러오는 요소로 작용한다는 것도 알 수 있었다. 또한, 두렵거나 불안한 감정이 마냥 나쁜 것만은 아니며 때에 따라서는 위험을 감지하고 미리 방지할 수 있는 좋은 방어기제로 작용한다는 사실도 알았다. 나아가 두려움을 극복하는 훈련에 관해서도 단계별로 본문에 제시하였다. 이제 남은 것은 불안과 두려움에 대처하는 우리의 자세뿐이다.

인간에겐 그 어떤 희생을 감수하고서라도 지키고자 하는 것들이 있다. 설령 그것이 자신을 허물어뜨린다 해도 말이다. 어쩌면 그것은 매일매일 불안과 싸우는 당신과 나, 우리들의 모습일지도 모른다.

당신은 무엇을 두려워하는가? 당신을 가장 불안하게 하는 것은 무엇인가? 그 불안을 극복하기 위해 또 다른 불안을 감내할 의지가 있는가?

인생에서 가장 중요한 것

인생에서 가장 중요한 것은 무엇일까? 돈, 명예, 권력, 건강, 행복 등 개인의 가치관에 따라서 여러 가지 답변이 나올 것이다.

나에게 가장 중요한 것을 꼽으라 하면 주저 없이 경험을 말하고 싶다. 살 수 있는 날이 얼마 남지 않은 사람들에게 가장 후회되는 것이 무엇이냐고 물으면 대부분 사랑하는 사람들에게 잘해주지 못했던 것과 살면서 특정 행동을 하지 못했던 것에 대해 후회를 한다. 경험이라는 범주에 속하는 내용이다.

삶의 마지막 순간에서 돈을 좀 더 벌지 못했다거나 권력을 더 갖지 못한 것에 대해서 후회하는 사람은 거의 없다. 그렇다면 왜 평소에는 사랑하는 사람들에게 잘해주지 못하고 특정 행동을 하지 못하는 것일까? 아마 죽음에 대해서 잘 생각하지 않기 때문일 것이다. 즉, 삶의 유한성을 깊게 생각하지 않는다는 말이다. 평소에는 영원히 죽지 않고 한평생을 살 것 같이 행동하지만, 삶에는 항상 마지막이 존재한다. 이 점을 항상 기억하고 살아간다면 우리는 살아있는 동안 인생을 좀 더 의미 있게 보낼 수 있지 않을까?

많은 경우 사람들은 문제가 없는 삶을 꿈꾼다. 평화롭고 행복한 일들로만 가득한 일상이 되기를 바란다. 하지만 인생을 조금 살아본 사람들은 모두 알겠지만 그런 삶은 현실 세계에 존재하지 않는다.

문제없는 삶을 꿈꿀 것이 아니라 좋은 문제로 가득한 삶을 꿈꾸는 것이 현명한 방법이다. 삶은 문제의 연속이고 그 문제를 풀어나가는 과정에서 고난받는 동시에 성장하고 성숙하여진다. 어떤 문제에 직면하면 우리는 그 문제에 매몰되어 다른 것들은 눈에 들어오지 않는다. 오직 그것만이 내 인생의 전부가 되어 나를 괴롭히고 힘들게 한다. 이것만 해결되면 세상 바라는 것이 없다고 생각할 만큼 간절히 문제가 해결되길 바란다. 그러다 노력 끝에 문제가 해결되면 잠시 행복했다가 얼마의 시간이 흐른 뒤 다시 다른 문제와 맞닥뜨리게 된다. 아마 이 과정을 살면서 수 없이 반복할 것이다. 아니 어쩌면 살아있는 동안은 계속 반복될지도 모른다. 그것이 우리가 사는 인생이다. 지극히 당연한 것으로 나에게만 일어나는 일이 아니고 세상사는 누구나 겪는 일이다. 그러나 이것이 곡해되어 자신에게만 일어나는 특별한 일로 받아들여지게 되면 그때부터는 인생이 피곤해진다. 당연한 것이 당연한 것이 아니게 되면 반드시 어떠한 사건이 일어나게 되어있다. 문제에 대한 정의도 중요하다. 문제를 단순히 문제로 볼 것이 아니라 삶의 한 부분으로 인정하고 그것을 끌어안고 같이 갈 수 있는 자세를 길러야 한다. 모든 행동과 대처의 시작은 개념 정의에서부터 시작되는 것이다. 어떤 의미로 정의하고 받아들이냐에 따라서 취하는 행동과 대처방법이 달라진다. 모든 행동과 사고는 개념 정의에서부터 시작된다는 것을 꼭 기억하길 바란다.

사실 인생에서 가장 중요하고 소중한 것은 멀리 있는 것이 아니다. 먼 미래의 행복이나 성공이 중요할 것으로 보이지만 정말 소중하고 중요한 것은 지금 우리 곁을 지키고 있는 것들이다. 가족이나 배우자 같은 사람, 공기나 나무와 같은 자연, 먹는 음식과 입는 옷과 같은 제품일 수도 있다. 사소해 보이지만 자세히 보면 정말 위대하고 중요한 것들이다. 솔직히 말하면 나는 사소한 일상의 행복을 잘 느끼지 못했던 사람이다. 일에 대한 성과나 보상으로 인해 행복을 느꼈던 스타일이다. 그랬던 내가 일상 행복의 전문가로 인해서 바뀌게 되었다. 그 전문가는 다름 아닌 친누나이다. 내 첫째 누나는 말 그대로 일상을 통해 행복을 느끼는 사람이다. 아침 운동 시에 맞이하는 따사로운 햇살과 맑은 공기에 감사와 행복을 느끼며, 오전에 마시는 따뜻한 블랙커피 한잔에 무척 행복해한다. 본인에게 가장 행복한 순간이 언제냐고 물으면 맛있는 것을 먹는 순간과 일과를 마치고 잠자리에 들 때라고 대답한다.

옆에서 지켜보면 단순히 대답만 그렇게 하는 것이 아니라 실제로 그런 상황에서 매우 행복해하는 것을 관찰할 수 있었다. 처음에는 이해하기 힘들었다. 그러한 것들이 나에게는 당연하듯 스쳐 지나가는 일상이었기 때문이다. 물론 맛있는 것을 먹고 깊은 숙면을 할 때면 좋다는 느낌은 들지만, 매우 행복해하거나 날아갈 정도로 즐거움이 느껴지지는 않았다. 하지만 곰곰이 생각해보니 당연하다고만 생각되었던 그것들은 당연한 것들이 아니었다. 세계은행이 발표한 자료에 의하면 전체 인구의 20% 이상이 1달러 미만의 빈곤층이라고 했으며, 이들은 제대로 먹고 자는 생활도 할 수 없을 만큼 열악한 환경에서 생활한다고 했다. 순간 뇌리에는 잊고 지내왔던 호주 생활이 떠올랐다. 워킹비자로 간 호주에서 일자리를 구하지 못해 하루 두 끼를 라면만 먹는 식단으로 일주일 넘게 생활한 적이 있었는데 이때의 소원은 배고픔 없이 밥만 잘 먹는 것. 그것 하나뿐이었다. 굶지 않고 제대로 된 밥만 먹을 수 있다면 더는 바랄 것이 없다고 생각했다. 그렇게 간절했던 소원도 한국에 돌아오자 그런 배고픈 시절이 있었는지 기억조차 못 하고 지내왔던 것이었다. 배고플 때 끼니를 걱정 없이 챙겨 먹을 수 있는 것은 대단한 행복임이 분명했다. 예전의 기억을 상기하면서 나는 일상의 소중함과 행복에 대해 다시 생각해 볼 수 있었다.

지금은 나도 일상의 소중함에 감사하며 행복을 느끼며 살고 있다. 따지고 보면 이렇게 경험에 관한 글을 적을 수 있는 사실도 엄청난 축복이고 행운이다. 때때로 지금 누리고 있는 것들이 당연한 마음이 들 때면 배고팠던 그때의 기억을 불러와서 정신을 재정비한다.

생각해보면 인생에서 중요한 것들은 다 공짜다. 맑은 바람도 공짜, 눈 부신 햇살도 공짜, 심지어 하늘에 떠 있는 구름도 공짜이다. 학교 운동장에 나가서 조깅하는 것도, 책방에서 뒤적이는 책들도, 산속의 숲길을 걷는 것도 공짜다. 돈으로 살 수 없고 숫자로 헤아릴 수도 없다.

결국 삶에서 소중한 것은 다 공짜다. 그리고 그걸 누릴 줄 알면 부자이다. 과연 우리는 이처럼 소중한 것을 누리고 있는 부자인지 한번 살펴봐야 한다. 현대인들은 바쁜 사회생활 속에서 돈과 명예, 욕망으로 인해 자신이 어디로 가는지 알지 못한 채 정신없이 살아간다. 자신의 기준이 아닌 세상이 정해준 목표와 타인이 추구하는 삶을 따라 살아가는 경우도 많다. 그러다 어느 순간 재정적인 문제나 건강의 악화로 삶의 브레이크가 걸려 정신을 차려보면 자신이 행해왔던 것에 대한 후회가 드는 순간이 있다.

세월이 지나면 언젠가는 떠나야 하는 것이 세상의 이치다. 인생은 영원히 계속되지 않는다. 한번 밖에 주어지지 않는 인생을 후회 없는 인생으로 만들어야 한다. 눈치 보지 말고 기죽지 말고 마음이 원하는 인생을 살자. 혹시 지금 무엇을 해야 할지 모르는 사람이 있다면 삶의 마지막 순간에 간절히 원하는 것을 지금 행하라고 말하고 싶다.

다음은 많은 사람이 삶의 중요한 것으로 생각하고 있는 건강에 관해서 이야기하고자 한다. 건강의 중요성에 대해서는 다들 귀가 아프도록 들어왔을 것이다. 그런데도 굳이 이야기를 꺼내는 것은 신체적 건강은 물론 정신적 건강까지 말하고자 함이다. 세계보건기구(WHO)의 헌장에 의하면 "건강이란 질병이 없거나 허약하지 않은 것만을 말하는 것이 아니라 신체적, 정신적, 사회적으로 완전히 안녕한 상태에 놓여 있는 것"이라고 정의하고 있다.

과거에는 건강을 육체적이나 정신으로 이상이 없고 정상적인 생활이 가능한 신체 상태를 말했는데, 최근에는 개인이 사회생활에 의존하는 경향이 커지고 사회가 개인의 건강에 기대하는 것도 많아졌기 때문에 이와 같은 정의가 생겨난 것이다. 한국의 헌법에서도 건강을 "모든 국민이 마땅히 누려야 할 기본적인 권리"라고 규정하고 하나의 기본권적 개념으로 보고 있다.

나는 큰 병을 자주 하지는 않지만 작은 병을 자주 앓는 체질이다. 주기적으로 자주 하는 것들은 장염, 감기, 급체 등이 있다. 평상시는 건강의 소중함을 잊고 살다가 몸이 아프면 건강이 최고였다는 사실을 인지한다. 그러다 아픈 것이 낫게 되어 건강해지면 언제 그랬냐는 듯 다시 건강의 소중함을 잊는다.

나뿐만 아니라 여러분들도 한 번씩은 이런 경험을 해봤으리라 생각한다. 건강한 육체에 건강한 정신이 깃든다는 말이 있듯이 사람은 신체의 영향을 많이 받는다. 몸이 아프면 어떠한 일도 의욕적으로 할 수가 없다. 그만큼 신체의 건강은 중요한 요소이다.

신체의 건강만큼이나 우리에게 영향력을 행사하는 것이 정신의 건강이다. 더욱이 최근에는 신체의 건강과 더불어 정신의 건강이 더욱 중요한 이슈로 주목받고 있다. 정신이 건강하지 못해 일어나는 사건 사고들도 잦을 뿐 아니라 심할 경우 우울증이라는 병으로 극단의 선택을 하기도 한다. 자세히 들여다보면 이 정신 건강이라는 것도 마음에서 시작된다. 신체를 단련시키기 위해서 운동을 해야 하듯이 정신을 단련시키기 위해서도 훈련을 해야 한다. 신체 운동은 누구나 해봤던 것이라 낯설지 않으나 정신 운동이라는 것은 생소하게 들릴 것이다.

정신 운동이라고 해서 명상이나 수행같이 거창한 것을 말하는 것이 아니라 마음속의 걱정과 근심을 비워내고 그 자리에 좋은 생각으로 채우면 되는 것이다. 매일 의식적으로 정신 운동에 노력한다면 건강한 정신을 유지할 수 있을 것이다. 특히 요즘 같이 사회가 급변하고 각종 스트레스에 노출된 상황에서는 무엇보다도 정신 건강이 중요하다.

지금까지 인생에서 가장 중요한 것들에 대해 생각해보았다. 여러분도 잠시 삶의 호흡을 가다듬고 지금 이 순간 인생에서 가장 중요하고 소중한 것에 대해 생각해보는 시간을 가져보길 바란다. 빠른 세상의 리듬과 박자에 맞춰 살다 보니 잊고 지내왔던 것은 없는지, 꼭 기억하고 살아야 하는 것은 없는지를 말이다. 우리 모두의 인생이 단순히 견뎌내는 인생이 아닌 경험하는 의미 있는 인생이 될 수 있기를 소망한다.

경험을 디자인하라

우리가 사는 내내 삶의 목적을 찾고 그것을 위해 노력하며 불안해하며 절망하는 것은 당연하다. 목적보다 앞서서 세상에 나왔기 때문에 삶이라는 과정을 통해 스스로 목적을 만들고 그것을 이루기 위해 살아가는 것이다.

또한 우리에게는 자유의지가 있고 자유의지는 과거를 돌아보고 미래를 예측하면서 현재를 선택할 수 있는 인간의 욕구와 상호작용하면서 나온다. 나는 이 자유의지야말로 사람을 사람답게 만들 수 있는 것으로 생각한다. 만약 우리에게 자유의지가 없고 타인이나 사회에 의해서 강요된 경험만 할 수 있다면 어떻게 될까? 아마 상상도 할 수 없을 만큼 제한된 삶은 물론 획일화된 인생을 살아야만 할 것이다.

나는 지금까지 살아오면서 최대한 많은 경험을 하고 싶었다. 경험이라는 것이 나이와 성별 등에 제한이 있는 것은 아니지만 특정 경험은 그 시기를 놓치면 할 수 없는 것들도 있다. 그리고 하고 싶어도 환경적인 상황들로 인해서 하지 못했던 경험들도 제법 있었다. 또한, 많은 경험을 원했고 행해왔던 나지만 매번 좋은 경험들만 있었던 것은 아니다. 고통스러운 경험과 가슴 아픈 경험, 너무 힘들어서 일어날 수 없었던 만큼 아팠던 경험 등 피하고 싶었던 경험들도 수없이 많았다. 가끔은 괜한 일을 하는 것이 아닐까 하는 의문과 하지 말았어야 했다는 후회로 잠 못 이루었던 밤들도 많다. 그런데도 지금까지 나는 경험하는 것을 멈추지 않았다.

고통과 실패를 겪으면서도 그것을 멈추지 않을 수 있었던 것은 정신력이 강해서도 아니었고 능력이 특출해서도 아니었다. 다만 경험하는 과정에서 자신이 성장하는 걸 느꼈고 그 의미 있는 성장은 멈추지 않고 다음 경험을 가능하게 만드는 동력으로 작용하는 선순환을 가져왔다.

지금 이 자리에서 자신 있게 말하건대 모든 경험은 의미와 가치를 가진다. 무의미한 경험은 없으며 무가치한 경험도 없다. 하나의 경험에는 반드시 하나 이상의 교훈과 노하우가 들어있다. 그것을 꺼내어 자신의 것으로 만드는 것은 각자의 몫이다. 자신이 어떻게 정의하고 디자인하느냐에 따라서 돌멩이도 될 수 있고 다이아몬드도 될 수 있다.

한 가지 덧붙이자면 타인의 경험과 같은 간접 경험은 본인에게 크게 도움이 되지 않는다. 물론 무경험보다는 낫겠지만 되도록 간접 경험보다는 직접 경험을 추천한다. 간접 경험과 직접 경험은 하늘과 땅 차이다. 같은 경험을 하더라도 개인의 따라서 느끼는 것과 깨닫고 얻어가는 것이 다르기 때문이다. 어떤 사람에겐 좋은 경험도 내게는 별로인 경험이 될 수 있고 나에게 유익한 경험도 다른 사람에게 유익하지 못한 경험이 될 수 있다. 이 점을 반드시 숙지하고 직접 경험하는 자세를 기르도록 하자.

직접 경험을 위한 몇 가지 팁을 제시하자면,

첫째, 모든 가능성과 상황에 개방적이어야 한다. 좋은 기회와 정보를 줘도 스스로 부정적으로 판단해서 걸러내면 경험으로까지 이어지지 않는다.

둘째, 머리보다는 발이 먼저 움직여야 한다. 너무 신중한 나머지 생각만 하다 보면 생각이 꼬리에 꼬리를 물고 행동하기까지는 오랜 시간이 걸린다. 자칫하면 생각이라는 것에 매몰되어 아예 행동할 수도 없는 상황을 만들기도 한다. 생각보다는 실천이 따르는 행동파가 되어야 한다.

셋째, 다양한 경험이 가능한 환경을 만들어야 한다. 사람은 환경에 직접적인 영향을 받는 존재이다. 환경이 사람에게 끼치는 영향력은 매우 크다.

그렇기 때문에 다양한 경험이 가능한 주위 환경을 만드는 것이 중요하다. 일테면 다양한 직무의 직업을 선택한다든지, 관심 동호회나 세미나 등에 자주 참석하는 등 항상 경험에 노출될 수 있는 환경을 만들어 나가야 한다.

요즘은 학교와 기업, 정부를 비롯한 어느 곳에서나 창조와 혁신을 외쳐댄다. 도대체 창조와 혁신이 무엇이길래 너나 할 것 없이 모두 부르짖고 있는 것일까? 단순히 어원적인 의미로만 본다면 창조는 전에 없던 것을 만드는 것이고 혁신은 방식을 완전히 바꾸어 새롭게 하는 일이다. 정리하면 기존에 없던 것을 만들고 새로운 방식을 적용하라는 말이다.

그럼 새로운 것을 만들어서 새로운 방식을 적용하기 위해선 어떻게 해야 하는가에 대해서 생각해보자. 창조성이라는 것은 모든 사람의 내면에 잠재된 능력이라고 생각한다. 그리고 그러한 능력은 요행이 아닌 꾸준한 노력으로 발현되는 것이다. 다시 말하면 자신의 경험이야말로 창조의 원천인 것이다. 하늘 아래 새로운 것이 없다는 것은 초등학생만 되어도 누구나 아는 사실이다. 무에서 유를 창출하는 것만이 창조가 아니다. 기존의 것을 발전시키고 새롭게 만드는 것 또한 창조이다.

그렇다면 혁신은 또 어떠한가. 이 혁신이야말로 경험에서 시작된다고 해도 과언이 아니다. 평소에 경험하면서 불편했던 점, 개선되었으면 좋겠다고 생각한 것들에 아이디어를 입혀서 새로운 방법이나 방식을 적용하는 것이 바로 혁신이다. 경험을 통해 현상을 그대로 받아들이기를 거부하고 거기서 더 나은 대안을 모색하겠다는 결심이 혁신의 출발점이다.

이처럼 창조와 혁신은 경험에서부터 시작되고 경험으로 끝난다. 경험의 중요성은 이미 개인의 영역뿐만 아니라 사회 전반에 걸쳐 영향을 끼치고 있다. 포털 사이트 도서 검색란에서 경험이라는 단어를 입력해서 검색해보면 8만여 권이 넘는 도서가 검색된다. 그만큼 경험이라는 것은 보편적인 동시에 핵심적인 것이다.

최근 사회적 동향을 봐도 경험과 체험에 대한 이슈들이 부쩍 주목받는 걸 볼 수 있다. 제품을 판매하는 제조회사도 음식을 판매하는 요식업체도 오감을 자극하는 체험마케팅에 열을 올리고 있다. 전자제품을 판매하는 업체들은 아예 별도의 체험관을 만들어서 전자제품 및 가전기기 등을 직접 경험할 수 있게 제공하고 있다. 교육업체는 무료 체험 이벤트를 진행하는가 하면 스포츠용품 업체는 사용해보고 나서 구매하는 선사용 후결제 방식으로 제품을 판매하기도 한다. 더 나아가서 여행을 다녀온 후에 비용을 결제하는 방식을 채택한 여행사도 있다.

소비패턴에도 변화가 생기기 시작했는데 최근 물건을 구매하는 돈보다 경험하기 위해 쓰는 돈의 비중이 더 커지고 있다. 즉, 자동차나 TV와 같은 물건을 구매하는 데 돈을 쓰기보다는 유명한 요리사가 운영하는 레스토랑에 가서 좋은 음식을 먹는 특별한 경험에 돈을 더 많이 쓴다는 것이다.

서두에 인간의 실존에 관해 이야기하면서 인간은 살아가는 동안 자신의 목적을 만들어 간다고 했다. 나의 실존 목적. 즉 나의 본질은 경험이다. 경험하는 삶을 사는 것이 내가 실존하는 목적이다. 그리고 단순히 경험하는 것에서 그치는 것이 아니라 그 경험을 토대로 동시대를 살아가고 있는 청춘들에게 선한 영향력을 끼치고 싶다. 아직 내게는 경험한 일보다 경험해야 할 일들이 더 많이 남아 있기 때문이다.

지금 이 순간, 자신이 머무는 자리에서 경험하는 특별한 삶을 살기를 바란다. 경험은 배신하지 않는 법이다. 절대 경험 앞에서 망설이지 말라. 경험을 디자인하라!

꿈을 향해

지금까지 내가 경험했던 이야기들과 경험하면서 느꼈던 감정이나 생각들, 깨닫게 된 노하우 위주로 적었다. 나의 경험들이 이 글을 읽는 분들의 경험과 공명할 수 있었으면 좋겠다.

이번 장에서는 내가 소망하고 바라는 개인적인 꿈과 내가 살아가는 세상에 대해 꿈을 잠깐 이야기하려 한다. 사실 꿈이라는 것도 누구나 가질 수 있지만 아무나 가질 수 있는 것도 아니다. 현실의 상황이 힘들어서 하루하루를 살아내기에 바빠서 꿈조차 꿀 수 없는 사람들도 우리 주위에는 많이 있다.

내 개인적인 바람과 소망은 이런 사람들에게 꿈을 꿀 수 있도록 돕는 것은 물론 더 나아가 현실적인 노하우를 전하고 싶다. 최종 목표는 세계 최고의 경험 디자이너가 되어서 다음 세대에 인생 비전과 소망을 전달하는 것이다. 그러기 위해서 더 알차고 의미 있는 경험을 해 나갈 것이다.

요즘 다들 먹고 살기가 힘들고 경기가 좋지 않다고 한다. 하지만 곰곰이 생각해보면 짧은 나의 인생만 돌아보더라도 경기가 좋았던 적은 단 한 번도 없었다. 물론 정도의 차이는 있겠지만 경기는 항상 좋지 않았었다. 예전보다 양극화 현상은 심해지고 취업 및 창업의 상황이 나빠진 것 또한 사실이다. 그러나 영웅은 난세에 나온다고 했다. 위기 속에서도 반드시 기회는 있는 법이다. 실제로 혼란한 상황에서 천재일우의 기회가 종종 나오곤 한다. 이런 상황일수록 눈을 크게 뜨고 기회를 모색하여야 한다.

기회를 찾는 방법은 여러 가지가 있겠지만 나는 당연히 행동하는 것을 추천한다. 즉 경험해보는 것이 기회를 찾는 가장 빠른 지름길이다. 사실 경험이 부족하고 견문이 좁은 경우는 기회가 눈앞에 있어도 그것이 기회인지 판단이 어렵다. 오히려 위험으로 치부하고 기회로부터 달아나는 상황까지 발생하기도 한다. 기회를 놓치지 않고 잘 잡기 위해서는 몸으로 직접 겪어보는 것이 최고다. 몸으로 각인된 것들은 쉽게 잊지도 않을뿐더러 몸이 본능적으로 판단한다. 직감이나 육감을 높이는 데에도 효율적이다.

나의 경우를 예를 들어보면, 어떤 일을 진행하고자 할 때 문제가 있는 일이거나 발생하게 될 일은 시작하기 전 반드시 어떤 징조가 발생한다. 그런 징조가 생기면 나는 하던 일을 멈추고 처음부터 그 일에 대해서 점검한다. 그렇게 체크를 해보면 중요한 무언가가 누락되었다든지 잘못된 부분이 꼭 발견된다.

그럼 그 부분을 해결하거나 해결이 되지 않을 시에는 아예 취소를 시켜버린다. 이것이 정확하게 무엇인지는 나도 잘 모른다. 경험에 의한 직관력이 아닐까 생각된다. 경험의 체내화로 어떤 위험이나 문제에 대해 사전에 신호를 보내는 것이다.

다시 본래의 이야기로 돌아와서 나는 우리들이 사는 세상이 승자 독식의 세계가 아니라 많은 사람에게 공평하게 기회가 주어지는 세상이 되었으면 좋겠다. 특히 경험에 대한 기회가 활짝 열려 있는 세상이면 더할 나위 없이 좋겠다.

최근 갑질 논란 등으로 사회가 한바탕 떠들썩했다. 세상엔 영원한 갑이란 없으며 갑이라 할지언정 누군가에게는 을이 되는 세상이다. 각박하고 빠르게 돌아가는 세상이지만 결국 사람이 만들었고 사람이 만들어가는 세상이다. 나보다는 우리를 먼저 생각하고 함께 더불어 살아가는 상생의 마음으로 살았으면 좋겠다.

나 역시 누군가를 을로 대하지는 않았는지 우리보다는 나를 먼저 생각하고 행동한 적은 없었는지에 대해서 생각해보는 시간을 가져본다. 나와 당신, 그리고 우리가 함께 만들어갈 세상은 모두가 희망찬 꿈을 꿀 수 있고 행복한 일들로만 넘쳐나는 세상이 되기를 소망한다.

한 사람이 사용하는 언어가 그 사람의 세계관을 정의한다면 더 나아가 사람이 겪어나가는 경험이야말로 그 사람의 세계를 정의한다. 우리는 같은 시간을 살아가고 있지만 각자 자신이 경험하고 느끼며 정의 내린 세상 속의 다른 공간에서 살아가고 있다. 그래서 하루하루가 즐겁고 행복한 사람이 있지만 일상이 불행하고 행복하지 않은 사람이 있는 것이다. 개인에게 주어진 시간은 누구나 같지만 주어진 환경은 천차만별이다. 태어나면서부터 거액의 재산을 상속받는 이가 있는가 하면 부모도 없이 고아로 세상에 나오는 이도 있다. 태어나서 성인이 되기 전까지는 부모나 친척 혹은 다른 누구에게 의지하며 책임을 전가하며 살아도 괜찮다. 하지만 성인이 된 이후부터는 상황이 어찌 되었든 간에 본인 스스로가 자신의 인생을 책임져야 한다. 선택도 본인의 몫이고 결과도 마찬가지다.

한번 태어난 인생 누구나 행복한 인생을 살고 싶은 것에는 이견이 없을 것이다. 행복한 인생을 살기 위해서는 자신으로부터 시작되는 행복의 기준과 정의가 중요하다. 자신만의 기준이 명확하지 않거나 아무 생각 없이 타인이나 세상의 기준을 자신에게 맞추려 하다 보면 불행해지기 시작한다. 진지하게 자신에게 한번 질문해보자. 진정 내가 꿈꿔왔고 원해왔던 나만의 행복은 무엇이었는지를.

고백하자면 나도 한때는 세상의 행복을 열심히 쫓아다녔다. 처음 사업을 시작하던 시절 젊은 나이에 대표라는 소리를 들으니 어깨에 힘이 들어간 나머지 사업의 본질에 집중하지 않고 겉으로 보이는 외적인 것에만 치중했었다. 넓은 사무실과 고급 자동차를 구매하고 사장 놀이에 빠져서 지냈다. 그때는 그것이 행복이고 성공인 줄로만 알았다.

곰곰이 생각해보니 이것이 처음이 아니었다. 시간을 좀 더 거슬러 올라가 20대 초반 헬스에 빠져 지내던 시절이 있었다. 빨리 몸짱이 되고 싶어서 벌크업(근육의 부피 성장)에만 치중한 나머지 데피니션(근육의 선명도)은 소홀히, 아니 등한시했다는 표현이 좀 더 정확하겠다. 이유인즉, 벌크업은 단시간에 근육 크기가 성장 가능했으며 옷을 입어도 운동한 티가 나는 반면 데피니션은 오랜 시간의 노력이 필요하며 옷을 벗지 않으면 운동을 한 티가 나지 않는다는 점이었다.

이 두 가지 경험의 공통점은 행복이나 성공의 기준점이 나로부터 시작되는 것이 아니라 외부로부터 시작된다는 것이다. 그러다 보니 본질을 보지 못하고 현상에 지나치게 집중했다. 타인에게 보이는 것과 빠른 속도의 성장에만 눈이 멀어 진정한 내면의 성장과 오랜 시간을 들여야 하는 노력은 하지 않았다.

행복의 기준점을 나로 잡기까지는 무수한 시행착오의 경험들과 많은 시간이 걸렸다. 오랜 시간이 걸리긴 했지만 정립된 행복의 기준점은 많은 이로움을 준다. 먼저 나만의 기준에서 시작되는 행복은 외적인 것에 크게 영향을 받지 않는다. 특히 물질적인 것들과 일어나는 상황들에 대해 일희일비하지 않는 자세를 견지할 수 있게 해준다. 또한, 세상과 타인이 경쟁상대나 비교 대상이 아니라 오직 나만이 나의 유일한 경쟁 상대이자 비교 대상이 된다.

어제의 나와 오늘의 나, 그리고 내일의 나를 위해 싸우고 열심히 달려 나간다. 세상이나 타인의 기준이 아닌 자신의 기준으로 스스로 선택하여 경험하고 그 결과에 대해 책임지며 누리는 인생. 그것이야말로 진정으로 행복한 인생이라 할 수 있지 않겠는가.

여기에는 대단한 기술이나 비용이 드는 것이 아니다. 그저 자기 자신과 마주하는 깊이 있는 성찰과 자신이 선택한 것에 대해 책임질 수 있는 자세면 충분하다. 행복과 성공은 결코 멀리 있지 않다. 손 내밀면 충분히 잡을 수 있는 곳에서 항상 우리를 기다리고 있다. 지금 당장 나만의 행복과 성공의 기준을 만들어 보자.

이 책을 읽고 많은 경험 디자이너들이 생겨났으면 좋겠다. 경험 디자이너로서의 많은 사람과 경험을 공유하고 그 경험이 가치 있게 쓰일 수 있도록 도와주는 역할을 했으면 좋겠다. 또 다른 나의 목표이자 바램은 경험학교를 만드는 것이다. 많은 사람이 태어나서 한정된 경험만 하면서 살아간다. 이것은 경험에 대한 욕구가 없어서가 아니라 현실의 환경적인 제약과 방법을 모르는 경우가 더 크기 때문이다. 많은 사람이 경험학교를 통해서 경험하는 삶을 살 수 있도록 하는 것이 나의 사명이자 꿈이다. 그리고 그 꿈을 향해 나는 힘차게 달려나갈 것이다.

나는 한때 영화배우의 삶을 동경했다. 다양한 형태의 삶을 살아볼 수 있는 것이 너무나 매력적이었고 비록 연출이지만 다양한 경험을 할 수 있다는 것이 부러웠다. 하지만 지금은 연출이 아닌 실제 현실의 경험을 해나가는 경험 디자이너로의 삶이 만족스럽고 즐겁다.

21세기는 불확실성의 시대다. 불확실성이라는 단어는 국제적인 회의가 있을 때마다 빠지지 않고 나오는 단어이기도 하다. 이 불확실성을 만들어 내는 것은 변화의 속도 때문인데 내가 예상하고 생각했던 것보다 변화의 속도가 더 빠르기 때문이다. 앞으로는 개인이든 국가나 기업이든지 불확실성을 얼마나 제어할 수 있느냐에 따라서 생존이 달라질 것이다. 그러기 위해서는 변화를 꿰뚫어 보고 다룰 수 있는 능력이 중요한데 우리는 이것을 통찰력이라고 부른다. 이 통찰력을 보유하는 것이 우선순위의 조건이 될 것이다.

그럼 이 통찰력을 키울 수 있는 방법은 과연 무엇일까? 해답은 바로 경험에 있다. 경험하고 느끼고 그것을 토대로 성찰하는 것이 통찰력을 키울 수 있는 최고의 방법이다. 이제 나와 여러분들이 경험과 꿈을 향해 나아갈 시간이다. 이 세상 마지막까지 경험하며 나아갈 우리들의 삶을 두 손 모아 응원한다.

마치는 글

　지금 우리들은 어제의 지식이 오늘에 가치가 없고 오늘의 지식도 내일이 되면 무용지물이 될 만큼 빠르게 돌아가는 세상에서 살고 있다. 하루가 다르게 급변하는 시대에 지금 여러분들은 어떻게 대처하면서 살아가고 있는가? 그저 하루하루를 버티어 내면서 숙제하듯 인생을 살아가고 있지는 않은가. 또한, 도전과 선택의 귀로에서 머뭇거리고 있지는 않은가.

　인간에게는 좋아하는 일을 끊임없이 탐색하고 경험하고 싶은 본능이 있다. 내가 경험 디자이너로 평생을 살기로 한 것도 어쩌면 본능에 기인한 것일지도 모른다. 지금까지 그래왔듯이 생이 다하는 날까지 많은 경험과 도전을 하면서 살아가고 싶다. 책의 서두에서도 밝혔지만, 이 글을 적은 이유는 경험에 대해 공유하고, 경험하는 인생의 유용함과 중요성을 널리 알리고 싶어서이다.

　보통 사람들이 경험 앞에서 망설이는 이유는 여러 가지가 있겠지만 가장 큰 이유는 경험하는 것이 본인에게 그다지 도움이 되지 않을까 하는 의구심과 실패에 대한 걱정 때문이다.

경험 디자이너로서 자신 있게 말하는데 이 세상에 쓸모없는 경험은 단 하나도 없다. 물론 살다 보면 나쁜 경험도 있을 것이다. 하지만 나쁜 경험이라고 해서 가치가 없는 것은 아니다. 그것에도 그 나름대로 가치와 의미가 분명 존재한다. 좋지 않았던 경험도 본인이 어떻게 정의하고 활용하느냐에 따라서 최고의 경험으로 탈바꿈되기도 한다.

이 자리를 빌려서 꼭 주문하고 싶은 것은 할까 말까 망설이고 고민하는 것이 있다면 무조건 경험해보라고 말하고 싶다. 머리를 싸매고 고민하는 시간에 일단 경험부터 하고 나면 반드시 변화가 일어난다. 그 변화는 여러분들의 삶을 새로운 방향으로 끌어낼 것이고 한 걸음 더 전진하게 할 것이다.

"검토되지 않는 삶이란 살 가치가 없다." 이 말은 소크라테스가 독배를 마시기 직전에 남긴 말이다.

자신이 알고 믿는 모든 것에 대해 끊임없이 질문하고 검토할 것을 당부한 것이다. 소크라테스의 이 말을 인용하여 이렇게 말하고 싶다.

"경험하는 삶이야말로 진정으로 가치 있는 삶이다."

경험은 항상 실생활에서 일어나는 것이고 그것의 주체는 개인이다. 불에 손을 대는 자체가 경험이 아니고 그 결과로 받은 고통에 연결될 때 경험이 된다. 즉, 경험을 통해 배운다는 것은 마음의 훈련이 육체적인 행동을 수반하는 것이다. 동 시대를 살아가고 있는 모든 사람에게 바란다. 어떤 상황에서도 굴하지 않는 경험하고 또 경험하는 삶이 되기를. 그 경험으로 말미암아 최고의 인생이 될 수 있기를 진심으로 바란다. 이 글의 다음 내용은 당신의 경험 이야기가 되었으면 한다.